휴대폰기업의
EU 마케팅

Pan-EU 확대에 따른 국가 · 지역 간 마케팅 공유의 측면에서

휴대폰기업의
EU 마케팅

Pan-EU 확대에 따른 국가·지역 간 마케팅 공유의 측면에서

EUROPE

Bay of Biscay ANDORRA

Madrid Barcelona

PORTUGAL SPAIN

Lisbon

서 대 성 지음

한국학술정보㈜

본 내용은 Pan-EU 확대에 따른 국가·지역 간 마케팅 공유의 측면에서 본 다국적기업들이 연구·개발한 제품을 마케팅 할 때 발생하는 기술버블에 대해 다루고자 한다. 또한 캐즘을 추정하는 사례를 분석하여 이해를 돕고자 했다. 캐즘(Chasm)이란 초기시장(early markets)에서 주류시장(main stream markets)으로 넘어가는 단계에서 발생되는 제품수요에 대한 급감현상을 지칭한다. 즉, 제품수용단절을 의미한다. 현재까지 제품의 캐즘만을 연구한 기존 연구의 경우 단지 기술수용주기상의 캐즘 분석에만 중점을 둔 결과 신제품개발에 대한 분석을 하는 데 사용한 가정이 다소 극단적인 측면도 있었다.

저자는 캐즘 이론에 대한 고찰보다는 상대적으로 부족했던 기술버블의 가능성을 통해 휴대폰산업의 문제점들을 지적하고자 한다. 이를 보완하기 위하여 Alchian & Allen(1983)의 정리를 도입하였으며 Radosevic(2004)의 Pan-EU에 대한 회귀분석과 클러스터방법을 사용하여 분석하고자 한다.

EU확장은 총 GDP의 대략 5% 정도임으로서 R&D마케팅의 캐즘과 버블의 범위가 EU국가 내에서 지역·국가 간에 얼마만큼의 차이가 발생하는지를 분석하기 위해 서유럽국가와 중·동유럽(CEE)국가를 비교 대상으로 휴대폰 다국적기업들의 실증분석방법을 적용한 결과 본 연구에서는 다음과 같은 실증적 분석결과를 도출한다.

첫째, 기존 R&D투자와 마케팅을 통합하거나 병행함에 관계없이 최상급 첨단제품의 캐즘 혹은 미니버블의 위험과 R&D투자위험은 네트워크가 존재하는 EU국가 간에서보다 지역국가 혹은 기업 간 R&D인프라가 없는 한 국가 내에서 더 크다.

둘째, EU확장 이전의 R&D투자 및 캐즘마케팅과 관련한 기존 문헌의 분석결과와는 다르게 소비의 클러스터규모는 현지R&D투자를 통해 한 국가 내 상품차별화의 격차와 시간선호에 의해 소비의 외부효과가 나타나고 이에 따라 다국적기업(MNEs)제품 포트폴리오(portfolio)가 늘어나면서 증가한다. 즉, 저가품모델에 있어 신기술의 수요효과 크기에 비해 고가품의 모델이 제공하는 신기술의 수요효과가 크다면 소비자는 가격과 상관없이 고가품을 선호하게 된다.

또한 본 연구는 캐즘·버블위험에 대한 소비의 실용도와 다양성에 관한 기존 연구의 이론적 토대를 제시하고 단일화된 EU국가 내의 상호 지역·국가별 다양한 기능의 제품개발 증대를 위한 해외직접투자(FDI)가 R&D아웃소싱과 연결함으로써 기존 이론적 분석의 한계점을 극복하고, 수요확대를 위해 EU국가를 PLC의 수요클러스터별 허브로 구분해야 함을 제시한다.

차 례

제 1 장

유럽시장의 숨겨진 비밀

1.1 시장성

EU의 확장과 이에 이은 Pan-EU산업에 대한 규제완화로 유럽은 글로벌화에 점점 다가가고 있다. 그 발전단계는 서유럽에서 시작하여 남부유럽확장과 북부유럽 및 중·동부유럽까지 이르러 통합되고 있다.

1989년에 스페인과 그리스가 EU에 가입하여 남부확장을 이루었고, 가입되었던 스페인과 그리스가 남부확장과 스웨덴, 핀란드, 오스트리아를 추가하는 1995년의 북부확장(Nordic Enlargement)을 이루었다. 이어서 2004년 5월 1일에 중·동부유럽 8개국을 포함한 사이프러스와 몰타가 유럽연합(European Union: EU)에 가입과 2007년 루마니아와 불가리아로 향한 발칸반도 확장을 함으로써 유럽연합은 북미의 북미자유무역협정(NAFTA)과 더불어 지역무역협정(Regional Trade Agreement: RTA)으로써 확고한 위치를 확보하게 되었다.[1] EU는 2020년까지의 확장을 위한 제반 사항을 마련하고 있고 기타 후보국으로 크로아티아, 마케도니아, 불가리아, 루마니아 등 발칸 확장과 터키까지의 확장을 염두하고 있다.

남부지역의 노동력과 북부지역의 인력자원이라는 두 요소의 장점을 모두 갖추고 있는 동부유럽이 유럽연합에 포함됨에 따라 EU는 새로운 발전의 전환점을 맞이하게 되었다. 이는 냉전체제로 반세기 넘게 갈라졌던 동·서유럽이 하나로 합쳐지면서 1990년에 베를린 장벽이 무너진 이후 동·서유럽의 경제가 하나의 블록으로 묶어질 수 있는 가장 극적인 계기가 되었다.

---

1) 1998년부터 가입을 신청해 오다가 2004년 확장으로 가입된 국가들은 폴란드, 헝가리, 체코, 슬로바키아, 라트비아, 리투아니아, 에스토니아, 키프로스, 몰타이고, 2007년 가입국은 불가리아, 루마니아, 터키이다.

이러한 글로벌화된 시장 속에서 끊임없는 혁신과 공격적인 R&D전략만이 기업과 정부에게 새로운 마케팅전략을 제시해 줄 수 있다. 그 예로, EU 전체 소비자들이 최신 휴대폰에 대해 포만감을 느끼면 유럽인들은 낡은 휴대폰에 대해 점점 더 적은 돈을 지출하게 된다. 그러면 휴대폰의 가격이 떨어지면서 현지생산자들의 생산동기도 감소하고 유럽 전역에 제품의 공급도 영향을 받는다.

이에 대한 본문은 EU의 중·동부유럽 확장에 따른 정치·경제·사회적 변화와 함께 전개되고 있는 생산기지와 시장의 확대에 대응하기 위한 기업의 글로벌마케팅전략이 어떻게 변화되어야 할 것인지를 파악케 한다. 또한, R&D의 아웃소싱을 통한 캐즘·기술버블에 대한 영향을 감소시키는 방안으로 휴대전화의 사례연구를 실시한다.

1.2 리서치

현재 한국의 삼성전자가 유럽판매의 거점으로 삼은 프랑스와 네덜란드에서의 성과가 대단한 것이었다. 삼성의 경우 시장진출 8년 만에 프랑스 시장에서 2007년 현재 2년 연속 시장점유율 1위로 프랑스를 통해 유럽에서의 인지도를 높이는 데 성공적이었다. 그러나 프랑스에서 누적판매대수 2000만 대를 기록하였음에도 불구하고 서유럽 전체 시장에서는 Nokia와의 격차가 2.7배로 매우 크다. 더욱이 중·동부유럽의 시장도 Nokia가 47.5%, Sony - Ericsson이 22.8%, 삼성과 Motorola가 9.9%를 차지하고 있어 1위 Nokia와는 4.7배의 격차로 실질적으로는 편중되어 있다.

　이러한 자료를 토대로 하여, 본 장의 제2장에서는 EU통합 및 확장에 따른 시장의 변화를 설명하고, EU확장에 따른 EU의 산업 및 무역정책의 변화가 가져온 기업환경의 변화를 고려하여 한국기업의 진출방안을 휴대폰산업 측면에서 모색하게 한다. 휴대폰제품처럼 신기술에 발생하는 캐즘이나 기술버블에 대한 기존 문헌을 고찰하고 Pan-EU에 따른 글로벌화된 투자전략의 중요성으로 살펴볼 수 있다. Alchian & Allen의 정리를 이용하여 R&D투자모형을 검토한다. 즉, R&D의 캐즘·기술버블 감소와 그에 따른 수요창출의 변화에 대해 이론적으로 살펴보고자 한다. 그 예로, 최신 휴대폰의 품질을 미리 판단할 수 없고 어느 다국적 휴대폰기업에 대해 뚜렷한 판단이 서지 않은 상태에서 신제품을 고르는 것은 쉽지 않다. 다수의 국가가 선호하는 것을 선택하는 것이 합리적일 것이다. EU국가들 중 다수 국가를 이끄는 것은 무엇일까 살펴보고자 한다.

　제3장에서는 미국, 중국, 일본에 편중되어 있는 한국의 무역 및 해외직접투자를 글로벌 관점에서 재배치하기 위한 정책 시사점을 도출하여 연구가설을 설정하고, R&D의 상호의존과 협력을 통해 범유럽지역(Pan European Market)에 대한 휴대전화 글로벌마케팅 강화 차원에서 기업전략을 실증분석하기 위한 이론적 모형을 수립한다.

　제4장에서는 CEE의 R&D아웃소싱의 잠재력을 상관관계분석과 Lisrel 구조를 사용하여 분석하고, 마케팅적 측면으로 R&D의 기술버블분석을 보완하기 위하여 부분적으로 회귀분석과 다중비교분석 등을 사용하여 캐즘마케팅을 극복하기 위한 기업전략을 모색하고자 한다. 제5장에서는 결론 및 정책 시사를 제시한다.

제 2 장

Pan - EU에 대한 R&D투자전략

EU의 중·동부유럽(CEE) 확대(2004)에 따른 해외직접투자(FDI)에 대한 기존 연구 문헌의 비약적인 면을 시사하고자 한다. 기업의 신전략을 도출함과 동시에 휴대전화 분야에서 삼성전자와 Nokia를 포함한 선도기업의 연구개발 및 마케팅전략을 비교·분석함으로써 범유럽시장에서 마케팅확대를 촉진하기 위한 중·동부유럽의 무역·해외직접투자·기술협력에 대한 전략을 수립하고자 한다. 제품 수명주기가 짧은 경우에 연구개발과 마케팅의 상호작용이 원만하지 못할 때 발생할 수 있는 수요의 급격한 감소로 야기될 수 있는 캐즘마케팅(chasm marketing)을 해결하는 방안에 중점을 두고자 한다.

2.1 Pan-EU의 형성 및 산업무역정책 변화

EU는 1957년 로마조약에 의하여 출발한 유럽경제공동체(European Economic Community: EEC)에서 시작되었다. EEC는 시장과 원재료를 확보하고자 하는 패전국인 독일과 경제성장을 달성하고자 하는 프랑스가 주축이 되어 형성되었다.2) 역내협력기구인 유럽철강공동체(European Coal nd Steel Community: ECSC)와 유럽지불연맹(European Payment Union: E.P.U.)도 EEC의 출범에 기여하였다. 1980년대 중반에 EEC가 산업조정능력에서 미국과 일본에 뒤지고 있다는 인식이 확산되고,3) 회원국 간에 경제협력을 보다 활성화시킬 필요에 대한 공

---

2) EEC는 politician이라기보다 statesman에 가까운, 그리고 지역지도자의 이념을 발달시켜 온 프랑스 외무장관 로버트 쉬망(Robert Schuman)과 장 모네(Jean Monnet)가 구상해 온 프랑스의 번영을 달성하기 위한 정책적 고려가 반영된 역내협력방안이 구체화된 과정이라고 볼 수 있다.

3) 자동차산업과 전자산업의 경쟁력은 미국과 일본에 비하여 뒤지게 되었지

감대가 형성되면서 1992년까지 공동시장(common market)을 달성하
기로 합의하였다. 1993년 1월에 공동시장을 출범시킨 EU는 같은 해
11월에 마스트리트조약(Masstricht Treaty)에서 통화동맹을 출범시키
기로 합의하고, 1999년에 유럽통화동맹을 완성하였다.4) 유로(euro)화
는 미국 달러에 비하여 약세였으나 점차적으로 유로화에 대한 수요증
가와 달러표시 자산 매력의 감소로 자본흐름이 역전되면서 2003년부
터 강세를 보이다가 2005년 7월에 프랑스와 네덜란드에서 유럽헌법
비준에 대한 국민투표가 부결된 후에 다시 약세를 보이고 있다. 유로
는 국제통화로서의 비중도 증가하는 추세에 있다[표 1]. 2004년에 발
행된 10년 만기 국채의 수익률이 미국과 일본은 각각 연 4.26%, 1.50%
인 반면에, EU는 4.14%였다.

[표 1] 국제통화로서의 유로화의 사용비중

(단위: %)

	시 점	달 러	유 로	엔	기 타
국제채권발행 (누계)	1999. 6.	46.8	21.7	16.6	14.9
	2003. 6.	43.7	30.4	10.5	15.3
국제은행거래	1999. 6.	55.2	19.6	8.7	16.5
	2003. 6.	53.2	24.6	6.2	16.0

자료: ECB, Monthly Bulletin, November 2004

만, 화학산업의 경쟁력은 유지하고 있다.
4) 독일중앙은행의 지원으로 금본위제도와 고정환율제도의 중간형태이었던
유럽통화체제(European Monetary System)가 유로화 출범에 기여하였다.
유로화는 1999년에 장부(ledger)형태로 사용되었고, 2002년에 지폐와 동전
의 형태로 사용되기 시작하였다.

(1) 통합과 확장과정

유럽에 편입하고자 하는 신회원국의 바람은 두 가지 요소에서 해답을 찾을 수 있다. 첫 번째, 부자 국가가 되고자 하는 바람들이다. EU국이 된다고 어느 국가나 부자 국가가 되는 것은 아니다. 그러기에는 가치의 비중이 크다. 두 번째 요소로는, 이에 대한 수고와 리스크가 뒤따르게 마련이다.

EU는 경제통합의 가장 앞선 형태이고, 대부분의 다국적기업은 EU를 단일시장으로 보고 생산과 기술을 재배치하고 있다. 그러나 EU의 내부통합비율은 명목상으로는 약 90%에 이르고 있지만, 실질적으로는 70%에 미치지 못하고 있다. 2004년 법인세는 아일랜드에서 12.5%이지만 독일 37∼41%, 프랑스 34.3%, 이탈리아에서는 40%인 반면에 헝가리 16%, 슬로바키아 19%에 이르고 있다.[5]

이들 지표들은 경제심리학적 분석들을 기초로 한다. 지역국가들의 경기침체를 극복하기 위해서, 혹은 투자유치를 위해 이웃국가지역보다 더 법인세를 낮추려 한다. 각 국가들의 경제상황을 낙관적으로 이끌려 노력하는 심리적 경쟁요소인 것이다.

냉전이 종식된 1990년대 이후 EU는 중·동부유럽국가(Central and Eastern European Countries: CEEC)의 양질의 노동력과 시장확보가 필요하였고, CEEC는 EU의 자본과 기술이 필요하였기 때문에 양자 간에는 우호적 분위기가 유지되었다. 냉전 이후에 상호경제협력기구 (Committee for Mutually Economic Cooperation)는 해체되었고, 1992년에 헝가리, 폴란드, 체코, 슬로바키아는 자동차와 섬유류와 같이 민

---

5) Financial Times(2006) 24 Dec.

감한 항목을 제외한 공산품에 대한 관세를 제거하는 중부유럽자유무역지대를 성공적으로 발족시켜 무역과 기술협력의 확대를 통해 경쟁력을 증가시키고 있다.

외교정책의 연장선상에서 선별적 무역정책을 실시해 왔던 서부유럽국가들은 1990년대 초반부터는 중·동부유럽국가들에 대하여 개별적으로 유럽협정이라 불리는 준회원국협정(Association Agreement)을 통한 관세인하혜택을 제공해 왔다.[6] 1997년 암스테르담 정상회담은 1998년 말을 목표로 한 새로운 단일시장추진계획(Single Market Action Plan)을 채택하였고, 1999년 핀란드 정상회담에서 소비자생활의 질 향상, 시장효율성의 제고, 기업환경의 개선, 시장통합의 시너지효과가 포함된 제3차 내부시장전략(Internal Market Strategy: 2000~2004)을 출범시켰다. 2000년 리스본 정상회담에서는 EU GDP의 6%를 차지하는 통신, 에너지, 우편 및 운송서비스 등이 포함된 네트워크산업(Network Industry)을 활용하여 가장 역동적이고 경쟁력을 구비한 지식기반경제를 구현한다는 비전을 설정하였다.

EU는 2001년의 니스조약(Nice Treaty) 이후 CEEC와 안보협력을 가속화하였다.[7] 독일, 네덜란드, 오스트리아, 이탈리아는 CEEC에 대한 무역과 투자가 활발하지만, 확장으로 야기되는 추가적 사회복지비용과 내부불안정의 증가를 우려하여 CEEC만큼 확장에 적극적이지는 못하였다. 2002년 1월에 유로화를 출범시키면서 일부 회원국들은 산업

6) 경제통합은 결국 동질성이 가까운 국가 간에 형성된다. EU는 CEEC가 가장 자신들과 가깝다고 보았고, 터키는 안보 측면에서는 가까웠지만 여러 이유로 이질적이라고 간주하고 있다.

7) Nice Treaty에서는 경제적 문제보다 EU의 정체성 확립이 중요한 과제로 부각되면서 공동외교·안보정책을 추구하는 과정에서 유럽의 독자적인 군사협력계획을 발표하였다.

구조조정을 가속화시키기 위한 방안의 일환으로 중·동부유럽확장에 대하여 적극적 태도를 갖기 시작하였다.[8]

정보통신산업과 자동차산업은 EU의 자본과 기술을 중·동부유럽의 양질의 노동력과 시장과 결합시킴으로써 경쟁력을 강화할 수 있는 좋은 예가 될 수 있다. 즉, EU는 연방기술정책을 활용하여 미국과 일본과의 기술격차를 줄이기 위하여 기술집약적 산업집적(agglomeration or cluster)을 통한 지식기반경제를 확충하고자 한다.

EU는 경제성과 효율성이라는 점을 인식하고 시장확대로 접근하고 있다. 만약 그렇지 않으면 유럽통합의 비용을 최소화하면서 최대의 결과를 얻지 못하게 된다. 이러한 최대의 결과를 위한 유럽의 확대는 유럽이라는 울타리 안에서 효율성을 따져 보기 위한 시도이다.

그동안 회원가입을 준비해 온 중·동부유럽국가들이 '코펜하겐 수렴조건'이라는 가입조건을 충족시켰고,[9] 상호신뢰부족으로 가입의 장애로 남아 있던 공동농업정책, 연합의 외부경계선(border line), 구조조정자금의 크기 및 배분, 환경정책의 적용시기에 대한 점차적 해결합의로 기존회원국들이 반대할 만한 명분이 없어지게 되었다.

유럽헌법은 2004년에 제정되었고, 2006년까지 회원국은 비준(ratification)을 받도록 되어 있었다. 그러나 스페인에서는 헌법인준에 대한 국민투표가 통과되었으나 프랑스와 네덜란드에서 국민투표가 부결되었고, 영국이 국민투표를 연기하면서 진통을 겪고 있다.

---

8) 영국, 스웨덴, 덴마크는 유로화 채택을 보류하고 있는 상태이다(2003년).
9) 가입신청국이 로마조약, 마스트리트조약, 암스테르담조약의 주요 내용을 포함하고 있는 유럽규약을 내국법으로 수용해야 한다는 조건이다.

(2) 신규가입국의 개혁과 Pan-EU의 형성

폴란드, 헝가리, 체코, 슬로바키아의 경제구조조정은 사유화, 기업지
배구조개선, 재무구조조정, 해외직접투자로 구성된다. [표 2]에 나타난
신규회원국들의 1인당 GDP는 기존회원국의 1인당 평균 GDP 23,210
유로에 비하여 상당히 낮은 수준을 보여준다. 그러나 EU위원회 보고
서에 의하면 신규회원국들은 기존회원국들에 비하여 약 2배 높은 경
제성장률을 몇 년간 유지하리라고 예상된다.

[표 2] 구EU-15 기준으로 본 신EU-8 구매력 기준 1인당 GDP 비율

Nations	2001	2002 (euro)	2003	2004	2005	2006
Czech	60	62 (13,700)	65	67	67	70
Estonia	39	41 (9,240)	47	49	55	–
Latvia	34	36 (7,750)	38	40	44	–
Lithuania	37	39 (8,960)	43	45	48	–
Hungary	52	53 (12,250)	56	56	58	58
Poland	42	42 (9,410)	42	45	45	48
Slovenia	68	69 (16,210)	71	74	76	–
Slovakia	45	47 (11,200)	48	50	53	56
EU-15	100	100	100	100	100	100

자료: Eurostat, 2004~2007(2002-평가비율)

2004년 5월에 실시된 중·동부유럽확장으로 EU는 인구가 3억 800
만 명에서 4억 5,500만 명으로 증가하고, GDP 규모는 5% 증가한 9조
달러, 무역량은 세계무역의 19%에 이르게 되었다. 신규회원국들은 단
일시장출범으로 투자와 고용창출효과를 거둘 것으로 보이고, 가입과
동시에 EU의 관세동맹에 자동적으로 편입되기 때문에 관세인하혜택
도 받게 된다.

확장에 따른 초기수혜국은 오스트리아와 독일이고, 피해국은 아일랜드, 그리스, 포르투갈, 스페인이다.[10] 신규회원국의 EU 가입은 노동과 자본의 이동에 제한이 없는 단일유럽시장에 편입됨을 의미하나, 기존회원국들이 분야별로 긴급수입제한조치(safeguard)를 발동할 수 있기 때문에 단일시장의 효과는 당분간 제한적이라고 할 수 있다.

신규회원국의 GDP 총계는 기존회원국 GDP 총계의 5% 수준에도 못 미치고, 신규회원국의 기존회원국에 대한 수출액은 기존회원국의 GDP 총계의 1%에 불과할 정도로 적다. 그리고 EU집행위원회에 의하면 중·동부유럽확대에 따른 정태적 및 동태적 효과가 연평균 0.7%를 넘지 못할 것을 추산되고 있다.[11] 경제적 변화 이외에 정치적 변화로는 유럽연방을 추진함에 따 유럽헌법초안 작성과 유럽시민개념의 발달을 들 수 있다. 그러나 중·동부확장 이후에도 EU의 경제성장률이 저조하고 실업이 증가함에 따라서 연방제 추진에 대한 반대여론도 만만치 않은 실정이다.[12]

---

10) 가입 이후 EU 전체 노동인구의 약 1% 미만(매년 7~15만 명 정도) 정도가 서구로의 이동이 예상되는 등 서방기업들의 주요 투자대상지역이었던 스페인, 포르투갈에서 상대적으로 임금이 저렴한 중·동부유럽, 중국 등으로 투자가 이동하고 있다. 특히 구EU접경지역에 대한 투자가 활발하게 진행되고 있다.

11) 경제통합의 정태적 효과는 무역창출과 무역전환효과로 구성되고, 동태적 효과는 경쟁력 압력의 증가에 따른 X-inefficiency의 감소라고 할 수 있다. 유럽연합의 출범을 앞두고 1988년에 작성된 Cecchini 보고서에 따르면 초기 6년간의 정태적 통합효과가 국내 총생산의 약 4.5% 증가로 추산되었으며, EU의 실업률이 2% 감소되어 국가예산의 1.5%~3% 절감효과와 소비재 가격의 6% 감소효과를 전망하였다. 그러나 실제로는 1992년 이래 인구가 적은 국가가 인구가 많은 국가에 비해서 매년 1.5% 정도 훨씬 더 급성장한 것으로 나타났다가, 단일시장의 접근효과로 인해 두 그룹(인구의 차이에 따른) 간의 차이가 점차 없어지게 되었다

12) ifo(독일뮌헨대 경제연구소)연구소는 300여 개 이상의 글로벌기업 및 기

유럽위원회는 유럽헌법이 경제적 가용자원의 범위를 초과하여 정치·사회적 변화[13]를 추구하는 Weimar 공화국의 헌법과 같은 규정이라고 판단하도록 EU회원국들의 유권자들을 유인하였다. 그러나 유럽위원회가 독일과 프랑스의 재정적자를 3%를 초과하지 않도록 제약을 부과한 결과 독일과 프랑스의 사회복지정책이 위축되면서 이들 회원국의 유권자들이 기존회원국의 이익과 EU 전체의 이익이 상반되는 경우를 가져올 수 있다고 판단하게 되어 결국 국민투표가 부결되는 것을 도운 결과가 되었다.[14]

(3) Pan-EU의 무역과 투자환경

Ⓐ 산업기술협력과 무역정책

신규회원국의 관세보다 평균적으로 낮은 EU의 공동역외관세(Common External Tariff)가 신규회원국에 적용됨에 따라 신규회원국에 대한 수출관세도 인하되어 한국은 수출증대의 혜택을 입게 된다. 신규가입에 따른 생산요소이동의 촉진과 무역장벽의 완화, 해외자본유입의 증가에 따른 연구개발능력의 제고로 신규회원국들은 외연적 성장보다는 기술혁신과 조직개선을 강조하는 내연적 성장을 추구하고 있고, 이 같은 경

관을 대상으로 경제환경을 조사한 결과 그중 독일, 이태리, 프랑스와 포르투갈에서 가장 심각한 문제는 실업문제로 지적되었다. 경쟁력 등급을 1점(아주 우수함)에서 9점(아주 나쁨)으로 평가한 결과 독일의 경우 경쟁력은 3.5포인트로 '비교적 좋음'이지만, 실업률은 8포인트(나쁨) 이상으로 조사되었다. 반면, 중·동부유럽 경제는 미국, 아시아계 기업의 투자로 4% 내외의 고도성장을 하기 때문에 투자여건이 양호한 것으로 나타났다.

13) 프로그램 규정이라 함은 생존권을 위한 헌법규정들이 나열되어 있을 뿐 실제로 이를 충족하기 위한 제반 정책이 준비되지 않은 상황을 지적할 때 사용되는 용어이다.

14) Iain Begg(2004) 참조.

영전략의 변화는 신규회원국의 생산 또는 수출에서 고부가가치 상품비중의 증가로 나타나고 있다. 이 같은 경제 및 기업환경의 변화는 한국기업에 소비시장의 확대로 인한 수출증가와 서유럽지역으로의 수출을 위한 생산기지거점을 확보할 기회를 제공한다는 점에서 긍정적이라고 할 수 있다. 그러나 신규회원국도 EU의 공동통상정책 적용을 받게 됨에 따라서 신규회원국과는 발생한 적이 없는 반덤핑제소의 적용을 받거나, EU인증제도인 CE(Commuautes Europeenne)마크제도나, 환경라벨(eco-label)제도가 한국의 수출에 자동적으로 적용되는 것은 부정적인 측면이다.[15] 예를 들어 2005년 7월에 실시된 전과정책임주의에 따르면, 수출상품이 폐기될 경우 직접 회수해야 하는 책임을 갖게 되어 전자제품의 경우에는 약 5%의 비용을 추가적으로 부담하게 된다.

다국적기업들은 범유럽 차원에서 금융조직을 운영하고, 국별로 운영하던 물류시스템을 범유럽통합체제로 전환함에 따라서 본부, 생산, R&D, 백오피스 기능을 국별 차원에서 범유럽 차원으로 통합하고 있다. 중·동부유럽의 EU 가입은 소비시장보다 생산 측면에서 경쟁력을 향상시킬 수 있는 기반을 확보하는 방향으로 무역·해외직접투자·기술협력이 진행되고 있다. 서유럽기업이 중·동부유럽 투자를 통해 글로벌 생산역량을 강화하는 분야로는 자동차 및 철강산업, 섬유 및 의류산업, IT산업을 들 수 있다. 중·동부유럽국가의 평균임금수준은 서유럽국가에 비하여 약 1/4~1/5 수준에 불과하다. 중·동부유럽국가에서 EU로부터의 해외직접투자가 차지하는 비율은 약 65%이고, 대부분

---

15) EU는 1980년대 중반 이후에 일본, 신생공업국가, 중국에 대하여 반덤핑조치, 상계관세, 자율적 수출규제를 빈번하게 적용해왔고, EU위원회가 1992년에 발표한 자료에 의하면 1991년에 EU가 제소한 반덤핑조치의 91%가 일본과 한국을 포함한 아시아 신생공업국가에 적용되었다. 2000년대에 와서는 표준규격 및 기술장벽이 강화되고 있다.

의 해외직접투자의 유입은 중·동부유럽의 민영화의 진전 및 산업내 무역의 증가와 밀접한 관계가 있다.[16]

EU의 중·동부유럽확장은 소비시장의 확대보다 생산거점 측면에서 경쟁력을 향상시킬 수 있는 기반을 확보하는 계기가 되었다고 할 수 있다. 그러나 지식기반산업의 이전과 기술혁신이 자리를 잡지 못하게 된다면 중·동부유럽국가들은 남부확장 후 경제력이 GDP기준 9위로 부상한 스페인과 포르투갈의 경우와 같이 유럽의 산업기지로 발전할 수 없다. 2004년에 이루어진 동부확장이 남부확장과 다른 점은 부상하는 시장과 저렴한 노동력뿐만 아니라 헝가리, 폴란드, 체코, 슬로바키아는 교육수준이 높고, 인적자원이 발달해 있다는 것이다. 때문에 이 같은 장점을 활용할 수 있는 방안을 모색할 필요가 있다.

신규회원국 가운데 경제규모가 크면서 한국과 무역이 활발한 국가로는 폴란드, 헝가리, 체코, 슬로바키아를 들 수 있다. 헝가리 정부는 2003년 1월에 고품질, 고부가가치제품의 개발이나 생산을 수행하는 투자프로젝트를 대상으로 'Smart Hungary'라는 새로운 투자유인제도를 도입하였다. 헝가리는 EU 가입 이전 평균관세율이 6.5%에서 2004년 5월 이후 EU 평균치인 3.9%로 낮아졌으며, 한국수출품에 적용되는 최혜국 관세율도 3.7%로 낮아졌다. 폴란드는 고용창출, 경제성장 부양, 경쟁력 강화를 위해 2004년부터 법인세율을 기존의 27%에서 19%로 대폭 인하하였다. 또한 폴란드는 EU 가입 이전 평균관세율이 11.7%에 달할 정도로 높았으나, EU 가입과 동시에 관세장벽이 낮아지고 있다. 슬로바키아 경우 EU의 투자유인 규정인 투자금액 15%를 초과하여 21%까지 세금감면과 보조금을 지급하고 있다.[17]

---

16) IMF(2001). Directions of Trade Statistics.

Ⓑ FDI·기술협력클러스터

2000년 신규회원국의 무역량 중에서 EU가 차지하는 비중은 폴란드
는 64.7%, 헝가리는 63.4%, 체코가 65.1%, 슬로바키아가 53.8%이고,
신규회원국은 총수입의 50~70%를 EU로부터의 수입에 의존할 정도
로 EU에 대한 교역의존도가 크다.[18] 신규회원국 가운데 한국수출에
서 가장 큰 비중을 차지하고 있는 국가는 경제규모가 가장 큰 폴란드
로 31%를 차지하고 있으며, 그 다음으로 체코가 24%, 헝가리가 21%,
슬로바키아가 11%를 차지하고 있다. 한국의 EU 신규회원국에 대한
수출은 2003년에 20억 9,292만 달러를 기록, 한국 총수출의 약 1%를
점하였다. 2003년 한국의 신규회원국으로부터의 수입은 4억 2,337만
달러로 한국 총수입의 약 0.2%에 불과하였다.

중·동부유럽국가들이 EU에 가입함으로써 신규회원국의 투자환경
이 점차 EU 평균수준으로 수렴하게 됨에 따라서 투자환경이 전반적
으로 개선되고 있다. 1989년부터 2002년 말까지 중·동부유럽지역에 유
입된 순 FDI는 1,587억 달러로 이는 중국을 제외한 개도국 전체에 유
입된 순 FDI의 15%에 육박하는 규모이다. 이 가운데 64%가 중부유
럽과 발틱 3국에 유입되었고, 이 중 78%가 체코, 헝가리, 폴란드에 집
중되었다.[19] 2004년 1월 말 한국의 대EU 신규가입국 총 투자누계액
은 92건에 8억 3,775만 달러로 이는 한국 총 투자건수의 0.5%와 총
투자금액의 1.9%에 불과한 것이다. 한국의 신규회원국에 대한 투자는
폴란드, 헝가리, 체코 등 중·동부 3개국에 편중되어 있다. 총 신고금

---

17) *The Slovak Spectator*(2005).
18) 냉전이 와해된 1990년 이후 계속해서 증가하는 추세를 보이고 있다.
    IMF, Directions of Trade Statistics, 2001.
19) UNCTAD(2003). pp.260-265.

액은 폴란드 81%, 헝가리 14%, 체크 3%로 3개국이 98%를 점하고 있고, 총투자금액도 역시 중구 3개국이 98%를 점하고 있다.

중·동부유럽지역에 대한 한국기업의 해외직접투자는 시장추구형태, 자원추구형태, 현지연구개발형태 등으로 진행되고 있다. 한국기업의 경쟁력 강화 측면에서 무역장벽을 우회하는 시장추구형, 또는 낮은 임금을 추구하는 자원추구형을 통한 규모경제의 실현도 중요하지만, 제품차별화를 실현하기 위한 연구개발능력과 마케팅 강화를 위한 현지연구개발형태의 투자의 강화가 요구된다. FDI는 시장포지션(Marketing Positioning), 제품믹스(Product Mix)[20]와 현지연구개발(R&D)형을 혼합한 형태로 전개하는 것이 효율적일 수 있다.[21]

국내의 연구개발로 한국시장에서 휴대폰의 혁신적 아이디어와 콘텐츠가 쏟아지고 있지만 유럽으로 쉽게 확산되지 않는 것은 이들이 한국표준에만 기반하고 있기 때문이다. 예로서, 유럽에서는 3G 기능과 함께 와이파이-무선인터넷을 기본으로 탑재하고 있다. 한국의 경우 통신사들의 이익 때문에 제한된 기능들까지도 유럽에서는 유용케 함으로써 고객은 더욱 값싼 통신요금에 편리함을 누리게 한 것이다. 기존 통신기업들이 계속해서 자신들의 고객에게만 집중을 하고, 이를 지키려고 2세대 통신의 신기술에만 관심을 둔다면 결국은 유럽시장에서 밀려날 수밖에 없다는 논리이다.

시장포지션 측면에서 한국기업은 투자수익률(ROI)을 위주로 투자

---

20) The set of all product lines and items that a particular seller offers for sale to buyers. 특정기업이 판매를 증대하기 위해 소비자에게 제공하는 모든 제품라인을 의미한다.

21) EBRD(European Bank for Reconstruction and Development)(2003). pp. 91-92.

하는 경우가 많았다. 그러나 PIMS(Profit Implication of Marketing Strategy)시장전략의 기업이윤수행의 결과에 따른 제품차별화로 수익을 증가시키기 위하여 Kanter(1997)[22], Kotler(2005)는 기업제품의 특정기술 이미지를[23] 부각시키는 제품개발(innovation)에 대한 투자를 전개할 필요가 있다고 강조한다.[24] 삼성전자의 휴대전화는 브랜드자산(brand equity) 측면에서 고가품을 점유하고 있지만, 원천기술(generic technology)의 취약으로 비가격경쟁의 우위가 언제 잠식될지 모르는 상황에 직면해 있다. 이 같은 상황에서는 경쟁사인 Nokia와 같이 중가품이면서도 소비자계층이 폭넓은 제품을 개발할 필요가 있다. 이 같은 전략의 구사는 제품차별화를 가능하게 하는 범위경제를 기반으로 규모경제를 활용할 수 있다는 점에서 비가격 및 가격경쟁력을 동시에 강화시킬 수 있는 시너지효과를 실현시킬 수도 있다.

(4) Pan-EU 진출전략과 시사점

2004년 5월에 중·동부유럽확장으로 확장된 범유럽시장이 한국의 수출에서 차지하는 비중은 17.6%[25]로서 중국 19.6%과 미국 18.2%에

22) Rosbeth Moss Kanter, "Don' wait to innovate" *Sales and Marketing Management*, 1997; Greg A. Steven and James Burley(1997). '3,000 raw ideas equals 1 commercial success' *Research-Technology Management*.
23) EU소비자가 벤츠를 구매하는 이유는 최고의 공법으로 만들어졌기 때문이고, BMW는 운전성능이 가장 뛰어나기 때문이며, 볼보는 가장 안전하기 때문에 구매한다.(Kotler, 2005)
24) 스와치그룹은 시계정밀산업을 패션전자시계산업으로 투자를 전환하여 재포지셔닝함으로써 기업위기를 극복한 사례로 종전시계의 해외투자개념을 현지에서의 연구·개발을 위한 투자개념으로 발전시킴으로써 고가의 주얼리(Jewelry) 브랜드에서부터 새로운 기술이미지를 도입한 인터넷시계로까지 다각화를 증가시켜 가고 있다.(Swatch group, 2005)

이어서 EU는 3위를 차지하고 있다. 한국으로 유입되는 해외직접투자에서도 EU는 1990년부터의 누적금액으로 3위를 차지하고 있다. 나아가 기술협력 분야에서도 EU는 미국, 일본에 이어서 3위를 차지하고 있다. 2005년에 약화된 달러로 인하여 한국과 미국과의 무역은 감소하는 대신에 한국과 EU 간의 무역은 증가추세를 보이고 있다.

신규회원국과의 교역을 활성화하기 위해서는 유인정책뿐만 아니라 산업경쟁력 또는 비교우위를 검토할 필요가 있다. 유럽중앙은행(ECB)이 신규회원국을 대상으로 CEE의 무역특화구조를 파악하기 위해 측정한 Lafay지수에 의하면 헝가리는 자동데이터처리장비 분야, 슬로바키아는 승용차 분야에 각각 산업특화와 국제경쟁력이 강함을 알 수 있다[표 3].

[표 3] 신규가입국가의 3대 무역특화품목

국 명	SITC 코드[26]	품 목	LFY
체 코	781	승용차	3.0
	784	차량부품	1.0
	665	유리제품	1.0
헝가리	752	자동데이터처리장비	3.8
	713	내연피스톤엔진 및 부품	2.9
	781	승용차	1.0
폴란드	821	가구 및 부분품	3.1
	793	선박 및 구조물	1.6
	842	섬유소재 남성외출복	1.3
슬로바키아	781	승용차	6.3
	674	철강제품일반	3.1
	334	정제석유제품	2.2

자료: Zaghini(2003), p.13.

---

25) KITA(2004).

1993년에 EU의 출범 이후 서유럽에서는 기업경쟁이 더욱 치열해지면서 인수·합병에 따른 공동R&D가 활발하게 진행되고 있다. 특히 'Zilina'라는 물류요충지가 위치한 슬로바키아는 외자유치를 활발하게 전개하면서 자동차산업의 경우 공장이 집결하게 되었고 현재 EU 특수를 겨냥하는 동유럽지역의 생산중심지로 부상하고 있다. 핵심부품의 경쟁우위가 뒤져 있는 단순한 조립이 아닌 핵심부품의 생산을 특화하기 위한 공장과 관련 부품의 생산에 필요한 연구소를 현지기업과 서유럽의 다국적기업이 전략적 제휴형태로 추진하고 있다. 다국적기업이 서구의 자본·기술과 동구의 시장·노동력을 활용하여 성공한 경우와 현황은 다음과 같다.

(1) 독일의 Volkswagen은 슬로바키아의 Skoda를 인수·합병하여 EU에 대한 수출확대는 물론 아시아의 대만 등에도 수출을 확대하는데 성공했다. (2) IT 분야에서 GE는 독일에서 헝가리로의 아웃소싱을 이전하여 헝가리의 최대 전자업체인 Tungsram을 인수하였고, Avaya 등과 협력을 모색하고 있다. 이에 IBM과 Google은 폴란드 크라쿠프에 소프트웨어 개발센터를 설립·확대하였다. (3) 휴대폰기업인 Nokia, Ericsson 등도 생산설비를 CEE지역에 갖추고 있으며, R&D아웃소싱도 하고 있다. 이는 Kotler(2005)가 언급한 광범위한 고객확대와 이를 위한 생산의 적시성(Just In Time: JIT)이 가져다준 결과로 해석될 수도 있다. (4) 독일뿐만 아니라 일본의 NEC-마쓰시타의 휴대폰사업 제휴확대와 Toyota, 프랑스의 PSA Peugeot Citroen이 합작해서 TPCA(Toyota Peugeot Citroen Automobile)를 체코 Koin에 설립하고 공동개발함으로써 EU시장진출을 목표로 하고 있다.[27]

---

26) Standard International Trade Classification.
27) Mlada Fronta DNES, Ceske Noviny, Dec. 2004.

연구소나 현지공장을 M&A하게 되면 해외에 공장을 건설할 경우에 소요되는 시간을 단축시키고, 제품차별화를 강화시킬 기술을 획득할 수 있고 현지 마케팅기법을 습득할 수 있다는 장점이 있다. 해외연구소 설립을 통한 기술을 현지 다국적기업에 제공 또는 제휴하여, 이에 대한 현지마케팅기법을 습득함으로써 판매에 대한 수익성을 창출하는 방안도 모색된다.

기존회원국들이 신규회원국을 생산기지로 활용하게 되면, 이들 국가에 원·부자재를 공급해 오던 한국기업들의 수출이 감소하게 된다. 그러나 단순히 양질의 임금을 활용하기보다 서구의 선도기업과 현지기업의 전략적 제휴를 통한 다품종 소량생산체제의 필요성에 부응할 수 있는 유연생산체제(Flexible Management System; FMS)를 활용하는 제품차별화된 기타 제품을 생산하는 경우에 EU 전체 시장지분을 증가시킬 수 있다. 헝가리와 폴란드의 임금이 상승함에 따라 한국기업의 현지투자는 임금수준이 낮은 불가리아와 루마니아로 이동하고 있다.

한국이 중·동부유럽국가를 생산기지로 활용하면 비관세장벽을 우회할 수 있는 장점이 된다. 그러나 서유럽국가들이 중·동부유럽국가를 중급기술의 생산기지로 활용하면서 제품을 고급화할 경우, 한국기업의 대응방안이 연구개발중심으로 전환되지 않는다면 중장기적으로 한국의 시장지분은 감소하기 쉽다. 만일 한국기업들이 EU확장의 기회를 자체기술개발능력과 마케팅능력의 제고로 활용하지 않게 된다면 글로벌마케팅에서도 불리한 입장에 놓이게 된다.

미국, 일본, 중국에 대한 무역의존도를 감소시키기 위해서는 중·동부유럽 신규회원국을 포함한 EU에 대한 무역·해외직접투자·기술협력을 다변화시킬 뿐만 아니라 이들 지역으로부터 원천기술을 공격적

해외직접투자를 활용하여 도입할 필요가 있다. 이 같은 형태의 기술도
입은 제품기술에 필요한 암묵기술을 체계적으로 획득하는 데 도움이
될 뿐만 아니라 마케팅 강화와 기업에 특수한 우위를 내부화하는 수
단으로도 효과적이다. 그리고 투자를 받아들이는 EU가 역내국의 생산
요소와 노동력의 고용을 증가시키게 한다는 긍정적 효과를 인식하게
되어 한국기업들이 이들 국가에 진출할 경우에 야기될 수 있는 반덤
핑제소를 완화시키는 데도 기여할 수 있다.

미국에서 마케팅은 산업별 차이점이 크게 부각되지 않지만, 유럽에
서 마케팅은 산업별 차이점이 뚜렷하게 부각된다. 유럽기업들은 마케
팅을 할 경우 제한된 경쟁, 국가별 기술혁신전략의 차이점, 제품차별
화에 대한 소비자욕구를 충족시켜 줄 수 있는 연구개발과 마케팅전략
의 포트폴리오를 다각적으로 검토한다. 예를 들면, 유럽의 미니 밀
(mini-mill)은 대형철강회사가 충족시켜 주지 못하는 제품차별화에
대한 요구를 신속하게 충족시켜 줄 수 있다. 한국기업의 EU시장에서
의 성공은 규모경제에서 범위경제와 설계능력으로의 마케팅환경에 따
른 상호 적절한 전환에 촉매역할을 할 수 있다.

(5) 한국 IT기업의 R&D현지화

한국수출에서 EU가 차지하는 비중은 2000년에 14%로, 수출이 234
억 달러, 수입이 158억 달러로서 76억 달러의 무역흑자를 기록하였다.
이 비중은 2002년에는 13.4%, 수출은 216억 달러였다. 그리고 2002~
2003년 기간에 걸쳐서 EU 수입시장점유율은 한국은 2.26%에서 2.35%
로, 중국은 8.3%에서 9.6%로 증가하였고, 일본은 6.9%에서 6.7%로 감
소하였다. 1997년 외환위기 이후 한국의 EU에 대한 투자는 감소한 반

면에 EU의 한국에 대한 투자는 증가추세를 보이고 있다. EU는 중·동부유럽확장 이전에도 한국의 3대 수출국이었고, 주된 투자대상국이었다. 이와 반대로 한국은 EU의 18번째 수출시장이자 8번째 수입원이다. 1997년까지 한국과 EU 간의 무역은 경기변동의 영향을 받기는 하였으나 꾸준하게 성장하였다.

유럽정보기술전망연구소(EITO: European Information Technology Observatory)에 따르면 체코의 IT시장규모는 2004년에 전년대비 14.3% 성장한 23억 2000만 유로에 달했으며, 2005년에는 9% 성장한 25억 4000만 유로에 이르고, 2006년에는 9.7% 증가한 27억 8000만 유로를 기록하는 등 성장세를 지속할 것으로 전망되고 있다. 폴란드에 이어 중동유럽국가 중 두 번째로 큰 IT시장을 보유하고 있는 체코는 EU 가입 후인 2005년에 이미 아일랜드(25억 유로)와 그리스(20억 3000만 유로)의 시장규모를 넘어선 데 이어 2006년에는 25억 2000만 유로 규모에 달할 것으로 예상되는 포르투갈을 뛰어넘게 될 것으로 전망하고 있다(EITO, 2006).

한국기업들의 유럽지역에 대한 투자는 시장 또는 낮은 임금의 활용을 중심으로 이루어져 왔다. 한국기업의 서구에 대한 투자추이는 1974년 대우가 영국과 독일에 무역을 중점적으로 하는 지사를 두면서 진출하였고, 삼성전자가 1982년에 최초로 포르투갈에 TV제조생산기지 설립을 위해 투자하였다. 2003년에도 여전히 무역업의 비중이 상당히 높으며, R&D나 생산기지를 통한 투자라기보다는 시장판매를 위한 투자이고, 각 국가의 투자비율도 유럽의 프랑스, 독일 등의 일부 국가에 편중되어 있다.

중·동부유럽에 대한 진출시작은 CIS의 붕괴 후인 1988년에 대우그룹이 폴란드를 중심으로 자동차산업에 진출하였다. 그러나 IMF 위기로 대우가 도산함에 따라 이 지역에 진출해 있던 대우계열사들도 함께 파산하였다. 중·동부유럽의 EU 가입을 계기로 한국기업들이 2차 진출을 시도하고 있다. 1990년대에는 폴란드를 중심으로 진출하였으나, 2003년 이후에는 헝가리나 슬로바키아가 중심축이라는 것이 특징이다. Samsung의 진출이 활발한 헝가리에는 40여 개 한국기업이 진출하여 제조업, 물류, 금융 등 다양한 분야에서 활동하고 있고, Samsung은 헝가리를 제조본부로 정하고 슬로바키아를 포함하여 제조벨트를 형성해 나가고 있다. 폴란드에 공장을 설립한 LG와 대우도 헝가리를 판매본부로 활용하고 있다. 대기업뿐만 아니라 중소기업들도 물류기지 진출로 헝가리의 지리적 이점을 십분 활용하고 있다. 헝가리는 2002년에 중·동부유럽 중 폴란드를 제치고 수출시장 1위로 부상한 데 이어, 2003년 10월 말에는 전년대비 76.2%의 증가로 약 5.5억 달러의 한국의 최대 수출시장으로 부상하였다(KOTIS, 2004).

한국기업들은 중국을 포함한 개발도상국 기업으로부터는 가격경쟁에 뒤지고 있고, 선진국 기업으로부터는 비가격경쟁력에 뒤지고 있다. 비가격경쟁력을 강화하기 위해서는 기술혁신과 기술획득 및 확산이 중요하지만, 다른 한편으로는 시장의 위험을 감소시키고 마케팅저변을 확대하기 위하여 비가격경쟁력 부분에서 획득한 기술혁신 및 확산과 해외시장진출을 통하여 획득한 마케팅기법을 활용하여 가격경쟁력을 강화시킴으로써 시장에 대한 지분을 확대시킬 필요도 있다. 다르게 표현하면 원천기술에 해당되는 부분을 획득하기 위한 자체기술개발능력의 제고 또는 이 같은 기술획득을 위한 공격적 해외직접투자도 필요하지만, 다른 한편으로는 새로운 수요 부문이나 시장을 형성할 만한 신상품이나 서비스를 창출하기 위한 보완적인 기술습득이정표

(Technology Road Map)를 필요로 한다는 것이다.

2004년에 실시된 EU의 동부확장 결과 중·동부유럽의 신규회원국은 잠재적 시장과 높은 인적자원과 낮은 임금의 노동력을 갖추고 있다는 장점 이외에 독일, 북구, 프랑스가 IT산업 분야의 연구·개발을 위한 투자를 과감히 한다는 점에서 생산기지클러스터(cluster)뿐만 아니라 연구개발클러스터를 형성하고 있다는 점에서 상당한 연관효과(linkage effect) 및 외부효과(external effect)를 가져온다고 할 수 있다.

따라서 한국의 IT기업은 마케팅과 연구개발 간의 상호작용을 최대한으로 활용할 수 있는 마케팅에 중점을 둔 기술개발전략을 수행할 수 있다는 기회를 포착할 필요가 있다. IT기업의 예로 휴대폰의 진출현황을 살펴보자.

중·동부유럽국가들(CEECs)이 다양한 투자유인을 제공함에 따라서 서구와 미국 간에 시장을 선점하기(preemptive attack) 위한 경쟁이 치열하다. 그러나 한국기업의 진출현황을 살펴보면 IT 관련 분야의 중·동부유럽진출이 매우 미미함을 알 수 있다. 삼성전자의 휴대전화 해외 생산기지는 중국, 브라질, 멕시코, 스페인에 있으며 해외공장을 통해 연간 1,000만 대의 휴대전화 공급능력을 갖추고 있다. 그러나 중·동부유럽에는 가전 부문에만 생산기지가 있고 휴대전화의 생산기지나 R&D센터는 없다.[28] 또한 Nokia, Ericsson, IBM, Microsoft 등이 중·동부유럽에 IT소프트웨어 관련 R&D아웃소싱이나 현지기지를 갖추고 있는 것(Hirschhausen & Bitzer, 2000)과 대조적으로 한국기업은 이 지역에 R&D센터를 전혀 구축하지 못하고 있는 상황이다. Samsung은 세계시

---

28) 해외가전생산기지 -LG전자: 멕시코, 영국, 폴란드, 이집트, 터키, 인도, 태국, 베트남, 중국, 인도네시아, 카자흐스탄, 러시아.

장에서의 점유율을 증가시켜 가고 있지만, 중·동부유럽지역에 대한 투자규모는 다른 경쟁기업에 비하여 작은 편이다.

중·동부유럽의 EU 가입에 따라 한국기업이 중·동부유럽지역에 수출할 때의 관세율 변화를 보면 관세가 감소하는 품목도 다수 있으나, IT 관련 제품의 경우 오히려 EU인증제도인 CE(Commuautes Europeenne)마크제도나, 환경라벨(eco-label)제도의 적용으로 관세가 인상되는 경우도 발생하고 있다. 예를 들면 EU는 3.5"플로피디스크, PET CHIP, PET 필름에는 반덤핑관세를 부과하여 각각 8.1%, 28.2~148.3유로/톤, 7.5%의 관세율을 적용하고, DRAM 반도체는 2003년 8월부터 34.8%의 확정관세율을 적용해 왔다.

중·동부유럽국가들이 EU에 가입함에 따라 동일한 관세율을 적용하게 된다. 중·동부유럽 신규회원국들은 휴대전화와 각종 전자제품에 대해서 CE마크 부착을 의무화함으로써 휴대전화 기술장벽에 관련하여서는 전자기파 규제, 휴대전화 충전기에 대한 에너지 소비량 규제, 중금속 함유 배터리 규제와 같은 환경장벽을 적용하게 된다.

이 같은 무역장벽과 연구개발에 박차를 가하기 위해 한국기업은 중·동부유럽지역에 단순한 생산기지설립이 아니라, 해외직접투자형태로 현지화해야 할 필요가 있다. 현지화할 경우에는 역내관세가 부과되어 반덤핑관세, 세이프가드, 상계관세 등의 불리한 조건을 극복할 수 있을 뿐만 아니라, EU로부터 연구개발과 관련된 보조금을 지원받을 수도 있게 된다.

2.2 R&D투자와 전략적 마케팅: 이론적 분석틀

(1) 마케팅과 R&D허브의 통합

기술의 혁신의 이행과정에서 캐즘과 버블이 증가하는 경향이 있기 때문에 기업의 위험관리 차원에서 이에 대한 분석이 필요하다. 점차 일부 학자들은 기술혁신을 창출하기 위해서 지역 간의 혁신역량 혹은 R&D클러스터를 구분하기 시작했다. Radosevic(2004)은 EU의 중·동부유럽(CEE)확대에 따른 혁신역량(innovation capacity)과 R&D역량을 토대로 CEE의 성장가능성이 충분히 있음을 분석하였다.

혁신역량은 R&D공급과 확산연계, 흡수역량(absorptive capacity), 시장수요의 상호연관성 측면에서 CEE국가들과 EU국가들 각 지수로 평가하였으며, GDP 내 정보통신산업(ICT, PC, Internet, etc)과 GDP 내의 FDI 등의 평가를 위해서 EU선진4국(Finland, Sweden, Denmark, UK) 군과 CEE선진4국(Czech, Slovenia, Hungary, Estonia) 군을 비교하고 EU하위3국(Spain, Portugal, Greece)과 CEE하위6국(Slovakia, Romania, Latvia, Lithuania, Poland, Bulgaria) 군을 클러스터로 구분하여 경쟁력이 있음을 발견하였다. 이는 서유럽과 동유럽을 서로 구분하지 않고 국가별혁신역량(NIC: National Innovation Capacity)에 따른 클러스터를 비교하여 맞는 투자로 이루어져야 함을 의미한다. Disdier and Mayer(2004)는 동유럽과 서유럽을 비교함에 있어서 프랑스 다국적기업의 지역선택이 EU 내 집적효과(agglomeration effects)의 차이점에 의해 결정됨을 제시한 바 있다.[29] Bulgaria, Hungary,

---

29) Disdier, Anne-Cĕlia and Thierry Mayer(2004), How different is Eastern Europe? Structure and determinants of location choices by French firms

Poland, Romania, Slovenia, Czech, Slovakia를 6개국 CEE 대상과 13
개국의 EU로 GDP 등의 변수로 측정하였으며, 시간이 지남에 따라
프랑스기업이 CEE와 EU국가 간 투자선택의 격차(gap)가 감소함을
보여주었다. 또한 시장의 규모와 집적효과가 한 국가를 투자지로 선호
하는 데 주요한 결정요인이 됨을 증명하였다. 과거 Portugal과 Spain
남부확장 때처럼 CEE의 집적효과가 투자유치지로서 적합하다는 분석
을 하였다.

EU의 중·동부확장에 따른 경제통합과 경제활동의 공간적 균형을
위하여 Crozet and Soubeyran(2004)은 공간·지역적 집중이 투자증대
및 무역자유화를 가져온다는 것을 집중과 분산이라는 지리적 신경제
구조모델의 시뮬레이션을 통해 밝혔다.[30] 이는 지식기반경제를 위한
인적자원을 공급받고 효율적으로 관리하기 위함이며 Howells, James
and Malik(2003)은 'Technological knowledge sourcing' 측면에서 현지
의 전문가를 수용할 때 단기적으로는 개발·생산 측면을 목적으로 하
지만, 장기적으로는 리서치/마케팅 측면이라고 본다. 즉, 단기적으로는
생산기지로서 중요성이 커지나 장기적으로는 마케팅리서치를 위한
R&D투자가 병행되어 이루어져야 한다는 것이다.

실제 중·동부유럽의 투자에 있어 Cieślik(2005)은 CEE국가인 폴란
드 내 외국기업들의 위치와 지리적인 특성연구를 통해 폴란드는 720억
불의 FDI로 CEE의 지역리더가 될 수 있음을 제시하였다. 공간적 클러
스터를 이루는 지역연구를 다룬 Etzkowitz ad Klofsten(2005)은 스웨

---

in Eastern and Western Europe, *Journal of Comparative Economics*, 32, 2.
30) Crozet, Matthieu and Pamina Koenig Soubeyran(2004). EU enlargement
and the internal geography of countries, *Journal of Comparative Economics*,
32, 2, p.265.

덴과 덴마크지역 경계의 Öresund 지식기반을 열거하였으며, 산·학·관의 Triple Helix지역경제발전이 신경제발전의 기반이 되어 혁신지역이 기업의 창출을 가져오게 한다고 지적한다. 국가 간의 협업을 이루는 투자가 지역경제특성에 의해 클러스터를 이룬다는 것이다.[31] 반면에 Macdonald and Piekkari(2005)는 유럽의 협업에 관한 개인별 네트워크의 기업 내 업무관계보다 Esprit(European Strategic Programme for Research and Development in Information Technology) 안의 내부연구 간에 상관관계가 높음을 보여준다.[32] 공동의 혁신과 R&D가 Esprit 안에서 사전-경쟁적이나, 특별히 Siemens, Philips 같은 High-tech 기업의 개인별 네트워크를 쉽게 형성되게 한다. 결국 지리경제학적 국가 간 협업이 클러스터를 이루지만 기업 내 개별 네트워크도 상당히 중요한 역할을 한다고 지적한다.

Helble and Chong(2004)은 R&D투자에 있어서 외부R&D와 내부R&D의 연계성 측면에서 내·외부적으로 파생(Semi-linked) R&D지사와 충분한 현지전문가개발의 필요성을 다루었다. 투자전략에 있어 R&D팀이 얼마나 효율적으로 지역을 활용하는가에 따라 기업의 이익이 증가됨을 보여 준다. 예를 들면, Microsoft사가 북경에 글로벌 효용성을 위한 현지지식개발센터를 운영하고 있는 것은 그 좋은 예이다 (Zedtwitz, 2003).[33]

서유럽국가와 CEE국가들을 비교 대상으로 다국적기업이 확대된 EU

31) Etzkowitz, H. and Magnus Klofsten(2005). The innovating region: toward a theory of knowledge-based regional development, *R&D management*, 35, 3.
32) Macdonald, S. and Rebecca Piekkari(2005). Out of control: personal networks in European collaboration, *R&D management*, 35, 4, p.446.
33) Zedtwitz, Maximilian von(2003). Initial directors of international R&D laboratories, *R&D management*, 33, 4, p.384.

로의 투자흐름에 관해서 보면, Cieślik and Ryan(2004)은 이를 일본 다국적기업의 FDI 비중으로 분석하였다. 즉, 질 높은 제품을 EU소비자에게 직접 공급함에 있어 거리적인 공급비용을 감소시킬 수 있는 잠재적 경제성장을 지닌 CEE의 투자를 조사하였다. 동일 지역에서 동일 산업에 클러스터를 형성함으로써 'Just in time' 시스템을 구현하는 일본 다국적기업의 특징인 집적효과를 설명하였다. EU 1차 진입 CEE국, 2차 진입 CEE국, EFTA국(노르웨이, 스위스, 아이슬란드) 등을 구분해서 FDI가치를 비교하였다. CEE에 대해 상대적으로 여전히 투자가 낮은 이유는 처음부터 서유럽시장에 공급하기 위한 투자로 규정하였기 때문이라고 본다. 그러나 개별 국가의 특정효과로 보는 이질적인(heterogeneous) 국가의 그룹 더미변수가 존재하지 않는다. 개별국의 특정고정효과로 다중공중선상에서 GDP의 크기가 FDI유입에 영향을 미친다고 보았다.[34]

본 연구에서는 Cieslik & Ryan(2004)에서 정의하지 않은 이질적(heterogeneous) 변수로 CEE와 EU를 Pan-EU국으로 각 분야산업별 투자클러스터로 정의하여 지역별 수준에서 소비상의 클러스터로 심도 있는 검토의 필요성을 언급하고자 한다. Radosevic(2004)이 제시한 수요클러스터로 EU국가마다 수요 혹은 소비가 다르다고 측정하고 이에 일치하는 수요별로 일정한 국가그룹으로 클러스터를 정했을 때, MNEs의 각기 신제품출시모델을 하나의 그룹으로 이질적인 국가만 구분하여 수요욕구에 맞게 제품을 출시한다. 소비가 많은 지역 군에

---

34) Cieślik, Andrzej and Ryan, Michael(2004). Explaining Japanese direct investment flows into enlarged Europe: A comparison of gravity and economic potential approaches, *Journal of the Japanese and International Economies*, 18, pp.12-37.

투자하면 수요도 증대된다. 이에 FDI 효과의 극대화를 위해서는 현지 R&D를 통한 고유 신제품출시결과(heterogeneous 더미변수)에 따라서 수요국가(1인당 GDP가중치에 적용해서 제품별 국가그룹구분)가 달라질 수 있다는 것이다.

확대된 유럽을 실험적으로 설정한 발전모델을 통해서 Engwall, Kling and Werr(2005)은 신제품개발을 수행하는 데 있어 그 개발시점마다 첨단기술을 고려하여야 한다고 보고 있다.[35] 복잡한 개발프로젝트들을 정확히 이해하고 일반적인 개념(concept)과 일정한 범주(framework)로 구성되어서 기업의 상호인식이 효율성을 갖게 한다. 이는 기업이 모든 프로젝트의 아이디어 창출에서 제품출시까지 공통의 원칙하에 과정을 다루어야 한다는 의미로, 마케팅 부문과 R&D통합의 필요성을 제시하게 된다(Gupta, 1985a; Gupta and Rogers, 1991; Gupta and Wilemon, 1998). 신제품개발 프로젝트에 마케팅 부문과 R&D통합으로 공통의 인지패턴과 실험과정을 리드하게 되는 것이다 (Engwall, Kling and Werr, 2005). 즉, 소비자의 성향과 투자환경이 변화하면 기업전략이 변화해야 하고, 기업조직이 이 같은 기업전략을 효과적으로 구사할 수 있도록 적응하지 않는 경우 경쟁에서 도태되기 쉽다는 극단적인 가정이 성립된다.

(2) 기술(제품) 수요와 캐즘(기술버블)의 발생

신제품의 초기시장 진입에 관해 마케팅의 Risk가 보이지 않는 손실의

---

35) Engwall, M., Ragnar Kling and Andreas Werr(2005). Models in action: how management models are interpreted in new product development, *R&D management*, 35, 4, p.429.

결과를 가져옴을 기술수용주기상에서 본 문헌은 다음과 같다. Geoffrey A. Moore(1991)는 'Crossing the Chasm'과 'Inside the Tornado'에서 기술수용주기 국면에 발생되는 단절을 발견하고 해결방안을 제시하였다. Chasm[36]이라는 용어는 Everett Rogers(1962)가 'Diffusion of Innovations'에서 전개한 시장진화단계모델인 기술수용주기곡선에서 시장진입단계에서 발생할 수 있는 단절의 의미로 사용하였다. 즉, 초기시장(early markets)과 주류시장(main stream markets) 사이의 제품수용단절을 주장하는 것이다. 그 사례로 Psion과 PDA 시장을 들어 IT산업 분야에 응용하였다. Helleputte and Reid(2004)는 캐즘 극복과 유사한 초기수용자에서 성숙기로 이전하기 위해서는 microelectronics research center의 연구개발경우를 통해 응용프로젝트를 개발함에 지역기술개발의 필요성을 언급하였다.[37]

초기시장 진입단계–신상품 개발단계는 제품의 수명주기 중 자원투입이 가장 많은 단계이며, 또한 첨단제품의 성공에 대한 확신을 가지고 제품개발을 시작하였으나 제품이 개발되는 동안 급변하는 환경 때문에 제품의 성공을 확신할 수 있는 시장에 대한 정보가 제일 빈약한 단계이기도 하다. 주류시장 진입에 앞서 낙관적인 측면에서 설비투자나 생산기지를 조기에 설립함으로써 캐즘의 경로로 빠질 위험이 있다. 실제로 2000~2002년 동안 휴대폰의 버블이 붕괴의 조짐으로 이어져 Nokia의 시장가치는 7백60억 달러로 2/3까지 감소하였다(Strebel, 2006).

기업은 기술예측을 통해 시장에 적합한 차세대제품개발이 이루고 제

---

36) Chasm이란 첨단기술제품의 공략대상이 되는 두 시장 사이에 존재하는 단절을 뜻한다.

37) Helleputte, Johan V. and Alasdair Reid(2004). Tackling the paradox: can attaining global research excellence be compatible with local technology development?, *R&D management* 34, 1, p.33.

품판매를 가능케 하여 기술시장개척이 확장된다. Colby and Parasuraman (2001)은 기술마케팅(Techno-Marketing)을 제시하였는데, 기존에는 기술수용주기에 따라 각기 다른 비율에 의해서 소비자가 기술을 수용하는 것으로 인지되고 있지만, Colby의 결과분석은 다섯 단계로의 세분화된 각기 다른 소비자는 가격, 디자인, 유통경로(유럽의 예: SIM카드교체방식의 단말기유통시스템), packaging, 프로모션 기술 등의 영향에 따라 기술수용주기의 기술을 수용하기 때문에 수요를 클러스터화(소비자 욕구에 다양성을 반영한 localization)하여 파악하면 지속적으로 유지·관리할 수 있다는 것이다.

또한 기술혁신을 예측하는 다른 방법으로 Lichtenthaler(2003)는 다국적기업들의 기술인지 과정(technology intelligence processes) 측면이 존재하며 유럽의 정보통신 장비업체 중 Nokia, Asom, Siemens, Swisscom, Philips 등이 이에 속한다고 보고 있다.[38] 다국적기업들은 기업들 혹은 부문 사이에 혁신커뮤니티를 형성해서 기술과 제품에 대한 수요를 예측하기도 한다. Howells, James and Malik(2003)은 기술과 디자인 측면에서 우위에 있는 부문을 인수·합병한 Ericsson, Motorola, Phillips보다 이를 아웃소싱하는 Nokia가 기술 혹은 부품(components)의 혁신커뮤니티(innovation community)가 매우 좋다는 결과를 실증함으로써[39] 기업의 기술협력이 매우 중요함을 지적한다. 기술버블 극복 연구 측면에서 기술협력을 위해서는 공동R&D가 이루어져야 하며, 이에 관해서 Carayannis & Laget(2004)는 'techno-

---

38) Lichtenthaler, Eckhard(2003). Third generation management of technology intelligence processes, *R&D management* 33, 4, p.363.

39) Howells, J., James, A. and Malik, K.(2003). The sourcing of technological knowledge: distributed innovation processes and dynamic change, *R&D management* 33, 4, p.405.

globalist' 관점에서 다국적기업들에 의해서 글로벌 연구개발 네트워크로 보고 총체적인 역할을 할 때 개발효과가 증가됨을 제시하였다.[40]

(3) 기술마케팅과 기술버블 극복

캐즘과 버블위험과 소비의 실용도의 관계성을 다음과 같이 추정하였다.

첫째, 기술마케팅으로 수요자계층을 충분히 확보하는 것이 중요하다(Colby and Parasuraman, 2001). 주류시장의 전기다수단계(Early Majority phase)는 한마디로 실용주의자며 전체 기술수용자의 3분의 1 가량을 차지하는 비중 있는 집단이다. 이들은 선각수용자와 마찬가지로 기술력의 우위를 관심이 중복되는 분야와 연계시키는 능력은 있지만, 근본적으로 실용적인 측면에 더 큰 관심을 보인다는 점에서 다르다. Moore(1999)가 지적한 바와 같이 이들은 신제품들이 그저 한때의 유행(Fads)[41]으로 지나갈 수도 있다고 생각하기 때문에 개척자가 되고 싶은 생각이 전혀 없는 그룹이며 때문에 구매하기 전에 참조사례나 적용사례를 보고 싶어 한다. 실용주의자들의 목표는 S-shaped curve: '점진적인 개선', 즉 단계적으로 측정할 수 있고 예측 가능한 진보적인 성향의 소비자들이다. 이들은 한 번 붙들기는 어렵지만 일단 마음을 사로잡기만 하면 아주 충실한 구매자들이며, 수직지향적이고

---

40) Carayannis, Elias G. and Laget, Patrice(2004). Transatlantic innovation infrastructure networks: public-private, EU-US R&D partnerships, *R&D management*, 34, 1, p.19.

41) Fashions that enter quickly, are adopted with great zeal, peak early and decline very fast.(Kotler, Wong, Saunders, Armstrong, Principle of Marketing-Fourth European edition, 2005).

가격에 매우 민감한 구매자들이다. 전기 다수의 가장 결정적인 특성은
입증된 시장리더로부터 구매하고자 한다는 것이다. 따라서 초기선각수
용자에서 전혀 다른 특성을 지닌 실용주의적 성향을 지닌 전기다수단
계의 주류시장으로 이행할 때 거의 처음부터 시작해야 하는 어려움
(캐즘)에 직면한다.

Philp(2002)에 따르면, 캐즘과 기술버블 요인 극복으로 Pan-EU에
대한 R&D전략을 재고해 볼 때 초기 신기술로 이익을 창출하는 Know
-how를 습득하는 기업은 없기 때문에 많은 기업가적 도전이 필요하
다. 즉, 기술과 마케팅 측면에서 정보수집이 용이해져 신속하게 대응
할 수 있게 된다는 강점을 갖게 된다. Nokia는 중·동부유럽에 R&D
센터를 개설한 이후 제품개발의 효율은 높아진 반면 원가는 크게 낮
아졌다고 밝히고 있다. 과거에 Ericsson이 중·동부유럽에 R&D센터
를 세운 목적은 휴대폰 핵심기술의 개발에 있었다.

또한 Philp(2002)은 대규모 신규투자인프라의 필요성을 제시하였다.
생산기지 확보를 위한 설비투자보다는 R&D마케팅을 통한 원천기술
력을 확보하는 것이 캐즘 발생을 예방하거나 완화시킬 수 있다는 측
면에서 유럽의 기술력과 마케팅파워를 수용하여 미국이나 세계시장에
진입하여 도약의 장으로 확대하는 방안도 강구되어야 기업의 세계경
쟁력을 유지할 수 있다. 경제가 탄탄하여야 이런 투자를 소화할 수 있
다(Philp, 2002).

IT산업에서 발생하는 캐즘 극복 방법의 하나로 사전에 R&D마케팅
으로 수요의 변화를 정확하게 시장조사에 반영하는 기업전략이 요구
된다(Philp, 2002). 결국은 Moore(1999)가 이미 언급한 현지마케팅점
유율과 기술수용주기 S-shaped를 연계선상에 볼 때 초기수용자단계

13.5%를 넘어선 그다음 주기부터는 R&D경쟁체계와 마케팅 공유분석이 제고된다.[42]

Cesaroni, Minin and Piccaluga(2004)는 정보통신기술(ICT)의 대규모 R&D 실험실의 역할을 단기적인 관점과 장기적인 관점으로 나누어 분석하고, 연구결과와 경쟁력, 신기술의 궤도진입 개발 등 새로운 전략적 균형을 중시하였다.[43] R&D lab의 설립으로 소비자의 수요에 적합한 신제품개발이 자동적으로 가능하게 되는 것은 아니며, 구체적인 세부전략이 필요하다. Blomqvist, Hara, Koivuniemi and Aijo(2004)는 핀란드의 Sonera기업을 예로 정보통신(ICT)산업의 R&D적 접근 경우, 첫째, R&D의 범위설정, 둘째, R&D의 위치, 셋째, 네트워크화된 R&D, 넷째, 마케팅과 기술의 불확실한 수요에 대한 R&D실행과 전략으로부터 유동적이고 민첩한 통합된 R&D전략, 다섯째, 'Quartile economy(4분위경제)'에 초점을 둔 장기적인 연구를 가능케 하는 전략적 검토와 단기적인 비즈니스의 필요성이 결합된 혁신의 역할 등이 중요함을 제시하였다. R&D의 범위로서, 비즈니스와 계층별 이슈 (societal issue)를 중시하며, 혁신에 관해서는 잠재적인 혁신의 급변과 불연속성을 핀란드 Sonera의 R&D전략으로 제시하였다.

Philp(2002)[44]은 특정지역에서 생긴 버블요인을 제거하기 위해서는 신기술을 통해 경제·사회기반의 점진적인 변화가 이루어져야 가능하다고 본다. 중·동부유럽은 이에 부응하는 지역이며 현지화된 R&D아

---

42) Harvard Business Review(2006). *Connect and Develop*, March, p.58.
43) Cesaroni, F., Minin, Alberto D., and Piccaluga, A.(2004). New strategic goals and organizational solutions in large R&D labs: lessons from Centro Ricerche Fiat and Telecom Italia Lab, *R&D management* 34, 1.
44) Paul Philp(2002). The mother of Chasm, RTW, Aug.

웃소싱을 할 경우 다른 다국적기업이 이미 R&D클러스터를 형성하고 있는 곳이기 때문에 최적화된 high-tech 제품의 기술개발에 유리할 뿐만 아니라 마케팅 공유전략 또한 다른 기업과 비교하여 신속하게 대응할 수 있다. 그러나 기존 R&D투자와 마케팅을 통합·병행함과 관계없이, 캐즘 혹은 버블(현 주기에는 연결되어 있으나 나중에 하락)의 위험 정도는 국가 혹은 기업 간 R&D인프라가 없는 한 국가 내의 지역R&D투자위험이 EU국가 간 R&D네트워크가 존재하는 R&D투자 위험보다 더 크다. R&D허브를 두고서 신속한 현장포착을 통해 공동 창작품을 개발하는 것으로, 전자동적으로 기술을 개발해 내는 것으로는 불충분하다는 것이다(Huston & Sakkab ,2006).

IT 다국적기업들은 이미 1991년부터 대규모 R&D투자를 해 왔으며, 중·동부유럽에 진입한 기업으로는 Nokia, Motorola, IBM(training centre), Ericsson 등이 있다(ITHD, 2004). 다국적기업은 현지아웃소싱을 토대로 투자진출을 하나, 현재까지 한국기업의 진출방법은 일본 다국적기업들과 유사하다(Cieślik and Ryan, 2004). 예를 들어, 현대자동차공장이 슬로바키아에 세워지게 되면, 부품업체인 현대모비스, 한국타이어 등의 국내 중소기업과 연계하는 방식을 취하여 왔다. 그 이유는 다국적기업과의 클러스터가 현지에서 연관관계를 수립하는 데 시간이 소요되기 때문이다(Casson, 1987). 부품산업의 동반진입은 부가가치를 크게 하려는 목적이 있었다.

Apple사의 경우 ipod-nano와 iphone은 부품의 44%를 삼성(메인프로세서 등 29%)과 인피니언(송수신 등 6%), 샤프·도시바(디스플레이 등 9%) 등으로부터 아웃소싱하고 있다. 휴대폰산업은 노트북처럼 점차 부품산업의 총체적인 아웃소싱산업으로 발전함을 의미한다. 휴대

폰기업들은 부품의 타사공급과 휴대기기의 현지마케팅을 동시에 발전
시켜 나가고 있다. 앞으로 대비해야 할 휴대기기의 최고점은 제3의 반
도체 수요의 증가다.

IT 다국적기업은 R&D기술개발을 마케팅화하는 능력을 보유하는
과정을 최우선 과제로 선정하고 있다. 중·동부유럽이 서구와 동일 문
화권에 포함되기 때문에 R&D센터의 설립이나 R&D아웃소싱은 서유
럽의 마케팅지사를 연계해서 한국 R&D본사와 공동으로 개발시켜
EU시장을 공략해 가는 전략을 구사할 수 있게 한다는 장점을 가지고
있다. Dunning(1994)의 FDI투자이론에서 혁신기술, 브랜드를 갖는
MNEs의 소유우위와 해외생산의 입지우위, 내부화 등 Dunning의 세
가지 요소 중 해외생산보다는 R&D구축으로 추가 설정하여 CEE지역
에 비교우위와 투자유치국의 유인됨을 제시하고자 한다.

2.3 휴대전화기업의 Pan-EU 전략적 마케팅

기존의 연구는 기술적 산업 측면에서만 혹은 지역적 측면에서 CEE
와 EU를 비교분석하였다. 개별 산업이 지니는 특성을 고려하여 분석
하기에는 포괄적인 국가 간 집계분석이 주류를 이루었다. FDI는 시장
및 자원중심(resource markets) 측면에서만 연구가 이루어지고 있다.
R&D 측면에서도 양 국가 간의 기술이전에 따른 차이점을 설명하였
으나, 한 산업이 확장된 EU의 전반에 미치는 영향 혹은 부문 간의
R&D가 EU시장을 조명하기에는 미흡하다고 본다.

여기서 휴대폰제조사와 유럽의 통신회사간의 밀접한 관계를 갖고

있다는 것을 분명히 언급하고자 한다. 지속적인 통신요금을 받기 위해서 휴대폰을 초기시장 개척 시에는 공짜로 주기도 하였다. 통신고객 확보가 휴대폰기업에 미치는 영향은 매우 크다. 그러나 최신의 휴대폰을 개발한다고 해서 다 성공하는 것이 아니다. 휴대폰기업들은 사용자 수를 높이는 것도 중요하지만, 통신사가 고객을 확보하게 하는 것이 중요한다. 유럽의 이동 통신사들은 이미 모든 고객을 확보하고 있지만, 휴대폰기업은 이에 비례하지 않는다. 결국은 기술 위에 실질적인 인적 마케팅이 있어야 정상에 설 수 있다는 것이다. 핀란드의 Nokia와 독일의 Siemens 합작사인 NSN처럼, 휴대폰기업의 통신회사와의 합작하여 유럽의 신시장에 대한 통신네트워크 분야의 투자전략도 대두된다.

Rodosevic(2004)은 지역경제 측면에서 EU가 확대됨에 따라 CEE의 가치수치를 GDP와 R&D지수만으로 CEE국가의 혁신역량을 다루었으며, 이를 실제 기업들이 시장분석 측면에서 직접적인 효율성을 논하는 한계점을 극복하기 위해 특정산업의 파생R&D가 CEE 및 EU 전체에 미치는 소비자성향에 따른 영향을 조사할 필요가 있다고 본다. 또한 CEE국가적인 측면보다는 산업별 차이점이나 소비자동향에 따른 세부적 산업으로의 지역마케팅전략의 필요성도 검토해야 한다. 이와 같이 기업들의 R&D성과가 EU시장에 영향을 미치는 과정에 대한 많은 실증연구가 있지만 확장된 EU에서의 세부산업에 대한 구체적 연구는 미흡한 편이다. 이러한 측면에서 R&D가 전반적인 산업에 상호 영향력을 행사하지만, 개별 품목과 산업에 지역마케팅과 R&D가 통합된 기술마케팅을 입증하는 실증연구도 지속적으로 이루어져야 할 필요가 있다(Colby and Parasuraman, 2001).

구회원국들은 Pan-EU마케팅 차원에서 CEE에 대규모 인프라를 구축하는 데 필요한 자금을 투입하고 있다. 이는 기존 이론의 Philp(2002)이 언급한 기술버블의 요소 중 하나이며, 또 다른 요소는 신기술의 발전이다. 휴대폰은 신기술을 지속적으로 필요로 하는 제품이기 때문에 이 같은 위험을 직면하게 된다고 볼 수 있다. EU지역 내에서의 휴대폰 판매 경쟁은 제품차별화가 강화되어야 한다는 점에서 미국이나 신흥국에 판매하는 전략보다 더 체계적이어야 하기 때문에 본 연구에서는 R&D투자의 중요성을 고려하여 캐즘·기술버블을 극복하는 방안을 제시함으로써 Pan-EU의 전략적 마케팅을 제시하고자 한다.

첫째, Morgan and Hunt(1994)가 제시한 수평적 파트너십(relationship marketing), 구매자 파트너십, 내부적 파트너십 등의 관계성이 실현되기 위해서는 여러 관계적·거래적 교환(기업, 경쟁사, 공급업체, 연구원)과의 차이 변수가 발생한다. 둘째, 글로벌제품 및 경영의 JIT을 통해 기대되는 성과를 달성하기 위한 활동의 실행단계(implementation stage)에 따라 R&D와 마케팅을 현지의 시장변화에 적용시킴으로써 마케팅비용을 최소화시킬 수 있다. 셋째, R&D마케팅을 시도하였으나 EU주류시장으로 이행하지 못할 때 거의 Innovation단계부터 시작해야 하는 캐즘의 가능성에 대한 고려와 재진입을 위한 투자분석이 지속적으로 이루어져야 한다. 이 같은 분석은 중·동부유럽지역의 높은 기술집약도가 국제 R&D경쟁 시에 끼치는 단기적 영향만으로, 장기적인 EU시장 내 투자의 불확실성을 결정할 수도 있기 때문이다. 넷째, 마케팅의 효과가 R&D에 직접적인 영향을 미치지 않을 수도 있지만 'Think Globally but Act Locally'[45] 글로벌화되면서도 지역특성을 살릴 수 있는 제품이어야 지역소비자수요를 증가시킬 수 있다(Yip,

---

45) HSBC holdings Plc.

1989).46) 다섯째, 니치마켓(Niche market) 진입 시 EU소비자의 반응을 R&D에 어떻게 접목시킬 것인가 하는 문제의 해결책을 우선 발견해야 한다. Niche마케팅의 특성을 파악하지 못하고 시행할 경우에는 매스마케팅(mass marketing)에서 마이크로마케팅(micro marketing: 개별마케팅)의 고객의 특정한 가치창출이 어렵다(Gilmore & Pine, 2001). 여섯째, 소비자를 교육시키고 의사소통함의 중요성을 언급한 McGrath(2001)의 연구로부터 기술마케팅을 창출하는 구체적인 방법과 이를 차별화함이 선행되어야 한다(Colby and Parasuraman, 2001). 일곱째, 한국기업의 현지마케팅전략(브랜드, 디자인 위주)47)과 본 연구논문의 R&D-마케팅의 차이에 따른 영향력이 발전방향과 그 대안방안이 R&D에 중점을 두고 있는 Demographic마케팅(문화, 인구통계학적)을 중시해야 한다(Placking, 1990).48) 여덟째, 기존 산업에서는 저변확대정책(lower strata)과 규모생산으로 점유율을 높였지만, 성숙기에 이른 휴대전화의 수요49)를 창출하기 위해서는 현지제품개발기간 단축(Technology life cycles)과 반복된 제품콘텐츠 수정과 컨셉트소비자수용도 조사(Portfolio of customer segments)에 따른 지속적인 R&D투자가 필요하다(Dreher, Ritter and Muhlbacher, 1992).

캐즘·기술버블의 주요 제거요소로 본 연구에서는 R&D투자 시 두 가지로 국한하고자 한다.

---

46) Yip, George S.(1989). 'Global strategy...in a world nations' Sloan Management Review; Kashani, Kamran(1989). 'Beware the pitfalls of global marketing' Harvard Business Review.
47) 삼성경제연구소(2001). CDMA 성공신화의 시사점.
48) Placking, Jochen(1990). Marketing-Kommunikation im Automobilmarkt Europa.
49) 유럽국민의 경우 80% 이상 소유(Handelsblatt, 2005. 3.).

첫째, R&D 비용의 효율성을 통한 high-tech산업의 이윤증가 여부를 분석하고자 한다. 예를 들어, EU와의 부품기술력 도입 및 기술협력강화는 미국과 일본에 대한 휴대폰 핵심부품과 소프트웨어의 의존율로 인한 신제품개발(NPD)의 비용증가를 낮추는 데 기여할 수도 있다. Radosevic(2004)의 기존 연구처럼 서유럽, 동유럽, 북유럽을 구분하지 않고, Pan-EU R&D의 확산(diffusion)에 따른 투자효율성을 주는 기술버블의 문제점을 검증하고자 한다.

둘째, 휴대폰기업의 신제품개발(NPD)의 주류시장(main stream markets) 진입방안이다. 미·일과 다른 EU만의 차이점을 리서치하고, 또한 신제품에 대한 소비자의 패러다임 전환(paradigm shift)이 빠르게 움직임에 기업의 정확한 대응력이 필요하다는 것이다. 이에 대한 Alchian & Allen(1983)의 이론에서 R&D투자와 개발탄력성에 의한 수요량으로 정의하여 가설을 검증하고자 한다.

(1) IT R&D클러스터의 형성

중·동부유럽은 Radosevic(2004)의 혁신역량의 지수분석결과뿐만 아니라 지역의 기업현황으로도 보면, R&D센터와 생산기지로서도 가치가 큰 지역이다. CEECs 중 특히 헝가리는 IT 부문에서 GDP 비중이 높고, 지리적으로 통합 EU의 중심에 있고 7개국과 국경을 접하고 있어 중국기업 등의 유럽시장진출50) 및 각 산업별 클러스터화로 성장하고 있다. EU확장은 중국으로 갈 투자를 중·동부유럽으로 가게 함으로써 중국에 대한 투자감소를 가져올 수는 있다.

---

50) 중국의 대헝가리 수출은 2003년 10월 말 중국 통계기준 18억 2천만 달러로 전년대비 무려 57.9%나 증가하였다.

Koruma(2004)는 기업이 발전하는 신조직적 네트워크구조를 '지식클러스터구조'[51]라고 칭하며 기업R&D가 시장토대의 지식융합에 중점을 둘 때 기업은 신속하게 전환할 수 있는 클러스터를 가질 수 있다고 한다. Koruma(2004)의 개별 지식클러스터의 일환으로 볼 때 유럽단일시장에 편입된 중·동부유럽은 부상하는 지식시장이며, 소득증가와 역내관세 및 비관세장벽의 완화에 따라 시장규모도 확대된다고 본다. CEECs는 최적의 개발입지, 우수한 인력, 서구 및 중앙아시아 진출의 교두보라는 지리적 중요성을 갖추고 있다. 헝가리 내의 지리적 클러스터가 형성되어 왔으며, 적극적 소프트웨어 기업유치로 많은 다국적기업들을 유치한 결과 첨단의 IT소프트웨어(Mobile OS·Platform의 표준화)[52] 기술을 개발하기에 적합한 위치가 되었다. Microsoft사를 포함한 다국적기업들은 헝가리 진출의 첫 단계에는 제품공급자(수출자)로, 둘째 단계에는 조립공장을 설립하고, 셋째 단계에는 소프트웨어 개발센터를 이동시켰다. Nokia, Siemens, Ericsson도 이곳에서 소프트웨어 개발센터를 운영하고 있다. 최근 Ericsson은 'Matav'의 R&D부문 자회사인 'PKI'와 브로드밴드 개발협력과 관련한 장기계약을 체

---

51) Koruna, Stefan(2004). Leveraging knowledge assets: combinative capabilities-theory and practice, *R&D management* 34, 5.

52) 휴대폰 단말기에 채택되고 있는 OS로 Nokia, Ericsson 등의 Symbian, MS의 Windows Mobile, google Mobile OS, Linux, Palm 등이 있으며, 각각의 OS들이 단말기 제조업체에 의해 합작·채택되고 있으며, 예로서, 휴대폰시장에 열세인 MS사의 경우 Palm과의 협업을 통해, 팜 트레오에 MS의 윈도우 모바일 5.0의 소프트프로그램을 탑재된 제품을 출시하였다. 이는 국내업체도 휴대폰의 하드웨어기능뿐만 아니라 소프트프로그램의 중점투자가 요구되며, 시장점유경쟁력 확보에 맞는 모바일제품에 자체 소프트프로그램의 내장으로 PC산업의 MS사 윈도우프로그램에 버금가는 수익성을 거둘 수 있으며, 이를 위해서는 휴대폰과 관련해서 미개척 신흥시장으로까지의 신속한 저변확대도 요구된다.

결하는 등 'Ericsson 개발센터'의 연구개발을 확대하고 있다. Siemens
의 경우 소프트웨어 개발기지를 독일에서 헝가리로 이전할 계획이며,
현재 Siemens의 헝가리 자회사인 'Sysdata Kft.'는 소프트웨어 개발기
지로의 기능이 대폭 확충될 것으로 예상된다. 다국적기업 이외에도 수
백 개의 중소기업이 R&D클러스터를 이루고 있어 한국기업이 이곳에
R&D아웃소싱을 할 경우 이 지역의 소프트웨어 R&D센터와 네트워크
를 형성하거나, IT산업집적의 변화를 신속하게 파악할 수 있다는 장
점을 살릴 수 있을 것이다.[53] 한국기업들이 상대적으로 취약한 소프
트웨어산업집적을 활용하기에 적합한 장소로서 큰 전략적 가치를 가
지고 있다.

[표 4] IT 부문이 GDP에서 차지하는 비중

Nations	Hungary	Slovakia	Slovenia	Poland
Rate(%)	3.5	2.4	2.1	2.0

자료: ITDH, 2004

　헝가리에서는 이미 컴퓨터산업이 1960년대에 시작되었고, 컴퓨터제
품을 서독, 오스트리아, 핀란드 그리고 동부유럽시장에 수출하였다. 핀
란드 기업인 Nokia는 1996년에 헝가리에서 컴퓨터 모니터를 생산하기
시작하여 1997년에는 만든 17"과 21" Nokia모니터의 40%를 이 공장
에서 출시하였고, 대부분의 모니터는 서구와 미국에 수출되었다. Nokia
는 모니터의 가장 큰 유럽 제조업기지로 헝가리를 선택하였다. 네덜란
드 기업인 Phillips는 수출을 목적으로 1997년에 Szombathely 안에 생
산공장을 설립하고, Videoton 공업단지 안에 다른 공장을 건립할 계획

---

53) ITDH(2003).

이다. 독일의 Siemens도 헝가리 진출 청사진을 구체화하고 있으며, 일
본의 투자는 산요의 휴대전화 전지 등 모바일산업과 CTV, VCR, DVD
등 전자부품 관련 산업중심으로 전개되고 있다. 이 밖에도 Apple,
Ericsson, Samsung, TPK, Clarion, Sony 등의 기업들은 사회간접자본
(Social Overhead Capital : SOC)의 확충에 힘입어 이 지역에 외국인투
자가 점차적으로 증가하고 있는 점에서 Etzkowitz ad Klofsten(2005)
의 지역경제발전이 신경제발전의 기반이 되며, 혁신지역이 기업의 창
출을 가져오게 되어 지역경제특성에 의해 클러스터를 이룬다는 것을
의미한다.[54]

(2) 다국적기업의 기술마케팅

Ⓐ 기술이전

미국계 IT 다국적기업의 해외 R&D는 다지역전략(multi-regional
strategy)을 시행하는 대기업만이 해외에서 기초연구를 수행한다(Cara-
yannis and Laget, 2004). 그러나 유럽계 IT 다국적기업에서는 해외연
구소의 기초연구가 활발히 진행되고 있다. 유럽소국의 기업인 핀란드의
Nokia 등은 초국적화되고 적극적이어서, 유럽의 IT산업의 근간이 되고
있으며, 본사연구소와 해외기술연구소의 네트워크를 강화하고 있다.
Casson, Pearce & Singh(1992)은 해외 R&D의 지리적 특화 현상에 있
어서 기업의 동기에 의존함을 지적한다. 미국의 IT기업은 주로 현지시
장을 위한 제품개발을 확대하고 있고, 현지통합연구소는 현지분산형 혁

---

54) Etzkowitz, H. and Magnus Klofsten(2005), The innovating region:
toward a theory of knowledge-based regional development, *R&D
management*, 35, 3.

신(local-local)과 지역기반형(locally-leveraged) 혁신을 동시에 수행
하면서 중·동부유럽 특유의 기술자원으로 이 지역시장에 투입하거나,
EU시장과 세계시장을 목표로 제품 및 공동개발(joint venture)에 박차
를 가하고 있다.

중·동부유럽은 구소련 때부터 대학과 연계된 R&D연구소의 요충
지를 발전시켜 왔으며, EU 내에서도 여전히 다국적기업들이 R&D기
기 혹은 아웃소싱(R&D인력: 디자이너, 회계사, 휴대폰기술전문가, 재
무분석가, 반도체회로디자이너, IT기술자, R&D설비투자, 교육, 자재조
달, 영업, 마케팅 등)으로 투자하고 있다. 구소련 붕괴 이후 R&D의
집중도가 급격히 감소하였으나 다국적기업들의 투자로 2000년 이후
점차 회복한 추세로서 이는 현지지역의 기술혁신이 기업의 분권화를
조장함으로 다국적기업은 지역혁신에 대한 잠재적인(embedded) 요인
들을 가질 수 있음을 지적한다(Bicken et al, 1994). 그러나 한국기업
은 분권화된 R&D경쟁체계보다는 본사에 통합·집중되는 Home-
base Exploiting(모국 기반 연구개발)과 국가별 문화적 특성에 의해
기업의 R&D투자가 이루어져 왔다(Jones, 2001). 상기 전략의 장점인
수출형태의 해외영업방식과 능동적인 기업구조부터 시장에의 적극 대
처가 가능하였다. 여기서 Home-base Exploiting의 기술투자위험성을
감소시키기 위해서 현지기술투입 대비 산출비율을 최대화하고 비용절
감 차원에서 현지분산형 R&D산업집적을 고려하여 R&D경쟁전략과
마케팅분석을 제고하고자 한다.

ⓑ 투자방향

중·동부유럽에서 현지화를 할 경우, 산업인적자원의 융합 측면에서

두각을 나타내는 분야는 소프트웨어산업이다(Hirschhausen & Bitzer, 2000). 헝가리의 경우 노벨상 수상자를 13명이나 배출할 정도의 우수한 두뇌를 기반으로 한 소프트웨어산업에 진입하는 기업들이 증가하고 있다.[55] 체코에서는 다국적기업인 Logica CMG사(Consultant & Solution)는 소프트웨어엔지니어를 양성하고 있으며, 헝가리는 이미 1980년대 상당 수준의 소프트웨어개발능력을 보유하여 Aitia Informatikai Inc(www.aitia.hu), FreeSoft Rt.(www.freesoft.hu)는 서유럽기업들과 프로젝트를 같이 수행할 정도의 수준이다.[56] 특히 응용 부문과 서비스 분야의 소프트웨어는 저렴한 예산으로 높은 수준의 개발능력을 인정받기에 인적자원의 구성이 높다.

EU 가입을 계기로 헝가리 전자산업의 입지가 보다 강화되고 있다. Nokia가 2004년 상반기 5,000만 유로를 투자해 휴대폰 생산을 2배로 늘린 것은 동부유럽권에서 점증하고 있는 휴대폰 수요에 대응함과 동시에 서구시장의 수입수요를 헝가리 생산공장에서 공급하겠다는 전략의 일환이라고 볼 수 있다. 헝가리에서 휴대폰을 생산하고 있는 공장은 Nokia와 Flextronics사이다. Flextronics사는 Sony−Ericsson과 Siemens의 휴대폰단말기를 OEM방식 생산을 통해 전 유럽에 공급하고 있다. 슬로바키아와 헝가리에 진출한 삼성 SDI는 2003년 2라인 생산설비 확충을 끝내고 본격적인 양산체제에 진입하였다. 중·동부의

---

55) HTEC(Hungarian Technology Center, www.htec.hu), 소프트웨어 분야의 강점은 NT와 유닉스환경이며 소호(Soho)기업들은 마이크로소프트와 함께 리눅스운영체제를 사용하고 있다. 솔루션 분야에서는 오라클, ICL, SAP 제품이 주종을 이루고 있으며, 중소개발업체들은 중소기업용 회계소프트웨어, MIS 현지화 분야, 특화된 산업애플리케이션의 현지화 작업 등에 외국인투자를 유도하고 있다.

56) 'Siemens'는 'Sysdata Kft.'를 소프트웨어 개발센터로 활용.

다국적기업의 IT생산기지가 집중되어 위치해 있기 때문에, 클러스터 측면에서 R&D기지 설립으로 접촉마케팅(Relationship Marketing), 조인트벤처(Joint venture)를 통해 정보의 대응능력 증대와 기술공유를 증가시킬 수 있다. 이를 근거로 IT소프트웨어 R&D센터는 개발한 기술의 시험장의 역할을 증가시키는 과정을 통해 생산기지로 발전하게 될 가능성이 크다.

ⓒ Techno-marketing

해외자회사에서 R&D와 기술마케팅능력이 축적되면 현지 중·동부 유럽만이 아니라 EU역내 무역을 통해 해당국가의 수출증대에도 기여하게 된다. 그러나 해외자회사의 EU역내 무역이나 기업 간의 파트너십 형성을 통해 해당국가의 수출특화에 기여하기 위해서는 중·동부 유럽국가의 산업 및 무역정책이 R&D 관련 활동의 입지조건을 위한 정책으로 제시되도록, 네트워크역할을 하는 기술마케팅도 바람직하다 (Helble and Chong, 2004).

[그림 1]은 CEE가 정보화, 기술혁신, 자유화, 정보산업의 네트워크, 금융, 기업활동, 사회보장, 경제성장의 측면에서 구EU와 비교할 때 격차가 적게 나타남을 보여준다. 신회원국 시장에 진출할 경우에는 이와 유사한 소득수준의 국가에서 규모경제를 활용한 제품의 수출보다는, 각 지역의 수요특성을 반영한 차별화된 제품을 수출해야 한다는 마케팅전략은 구회원국 시장에 진출한 경우와 크게 다르지 않다고 할 수 있다.

[그림 1] EU 신·구회원국의 경쟁력 평가분석

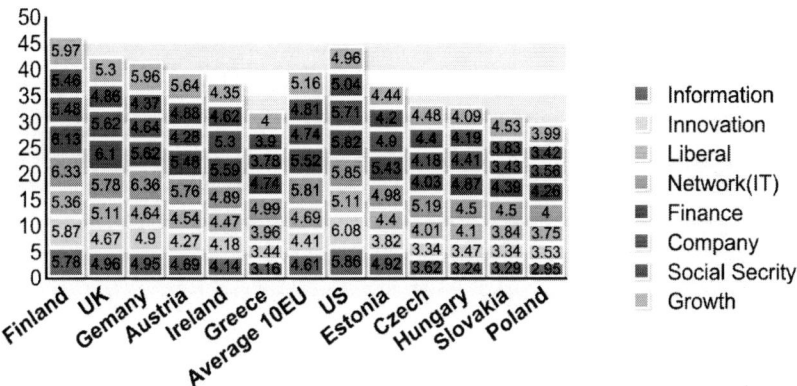

자료: WEF: World Economic Forum, 2004, 기타 자료 분석

EU 내에 위치한 다국적기업은 R&D 관련 활동 중에서 핵심과학기술의 연구개발은 집적된 혁신중심지에 구축하면서, 조립생산공정은 인근 국가에 건립한다. 따라서 다국적기업과의 무역과 투자를 통하여 현지기업의 R&D는 기술클러스터로 발전되는 동시에, 생산시설이 분산되는 결점도 발생하게 된다. 그러나 기업은 지식창조 측면에서 프로젝트클러스터 관계의 불확실·모호성과 약한 연관간계가 단점으로, 인력자원의 효율성 면에서는 유동적인 클러스터 관계의 난관을 지적하기도 하지만 이는 미미한 문제라고 한다(Maskell, 2001b, 2001d).

Nokia의 경우는 R&D와 마케팅부서가 세계 55여 개국의 리서치마케팅센터와 연계된 물류시스템을 갖추어서 신제품을 생산하고 수출하는 기술마케팅적인 체계를 통해 초기에 시장을 선점하였다. 이는 한국기업에도 EU시장확대를 위한 시장조사, 마케팅전략, 연구·개발전략, 자금관리, 조직설계 및 인적자원관리와 정부의 연구개발에 대한 기반을 제공하는 공공정책에 새로운 분석방법이 필요함을 시사한다. 이로써 현지기업, 연구기관, 정부와 교류하면서 각국 정부의 산업표준 및 정책관리에 영향력을 발휘할 수 있게 하는 기회를 가져오게 할 수 있으며, 시장과 연계된 연구개발의 중요성과 기술마케팅이 포함된다(Colby and Parasuraman, 2001).[57] IT 관련 R&D센터를 구축함으로써 높은 수익률의 증가를 가져오게 하는 다른 요인으로는 현지의 R&D아웃소싱으로부터 마케팅전략을 통해서 다국적기업들 상호 R&D센터와 긴밀한 클러스터를 유지·협력 등을 들 수 있다.

(3) 휴대폰 R&D Coordination

고가품시장을 확보하기 위한 틈새시장전략은 Callahan and Lasry (2004)가 제시한 바와 같이 최신제품개발에 대한 특정수요계층의 구체화된 수요를 파악하는 것이다. 틈새마케팅은 수요곡선을 비탄력적으로 하여야 상대적으로 높은 가격을 책정하는 것이 가능하게 된다. 나아가 새로운 속성을 추가하기 위해서는 연구개발과 마케팅에 상당한 투자가 지속적으로 이루어져야만 시장의 확보가 가능하게 된다. 단기적으로는 기업의 판매수입이 연구개발비를 초과하지 못할 경우에 발생할 수 있는 캐즘을 직면할 확률은 적지만, 제품수명주기가 축소되고, 연구개발비가 증가할수록 연구개발에 대한 매몰비용을 회수하지 못한 결과로 위기에 처하게 된다고 한다. 특히 중요 부품을 일본·미국으로부터 수입해 온 한국의 휴대폰기업은 부품을 수입함에 따른 비용증가(전자부품연구원, 2005)와 수직적 생산계열화[58]가 적은 결과

---

57) Gary Hamel은 혁신적인 회사가 갖추어야 할 시스템으로 아이디어시장, 자본시장 그리고 인재시장을 제시하였다. 그러나 기업에 앞서 창조적 인재 양성은 이를 뒷받침할 정부의 정책수립에 더 많은 비중을 필요로 한다.
58) 국내외 협력·부품업체들을 수직계열화함으로써 프리미엄전략에 성공함. 그

부가가치창출이 적기 때문에 이 같은 기술버블(tech bubble)이 발생할 확률이 더 크다고 할 수 있다.

이와 같은 상황에서 획기적인 기술혁신이 아닌 단순한 기술진보 및 확산은 기술 및 자금력에 대한 진입장벽이 상대적으로 낮기 때문에 기술혁신에 대한 투자자와 그 수혜자가 분리되고 새로운 기술의 혜택이 제3자에게 돌아가게 될 수도 있다.[59] Buchholz(1999)는 기업혁신의 내부화를 감소시키는 요인을 제거하거나 완화하기 위하여 장기적으로 기술혁신의 일관된 방향을 모색하는 것이 중요하다고 본다. 소비자의 욕구를 외면한 기술개발의 역점보다는 동태적으로 살아서 움직이는 시장의 변화에 부응되는 기술혁신 및 자금조달계획을 수립할 필요가 있다. 예를 들면, 휴대폰의 시장선두주자(Market-leader)였던 미국의 Motorola가 초기시장에서 아날로그모델만을 고수할 때, 유럽의 Nokia와 Ericsson이 디지털폰으로 주류시장(main stream market)을 선도하였고, GM과 Ford는 VW과 Renault의 기술경영경쟁을 과소평가하는 우월감으로 인해 EU시장에서 퇴거당하였다(Vovle, 2004).[60] 한국기업들이 시장의 역동성을 좇아가지 못하는 실수를 방지하기 위해서는 유럽 Nokia의 전략을 참조하여 EU휴대폰시장의 시장선두주자로[61] 제품의 포트폴리오를 확대하고 이에 비례하여 기술혁신의 방향

___
러나 아웃소싱을 강화하면 국내협력·부품업체들이 새로운 인소싱이 요구됨.
59) Buchholz, Todd G.(1999). 'MARKET SHOCK'
60) Voyle, Susan(2004). 'Errors lead to sharp M&S sales fall', Financial Times, Jan 15, p.30.
61) Kotler(2004)는 industry leader를 유지·강화하기 위하여 다음 다섯 가지를 전략을 구사할 필요가 있음을 지적하였다. 첫째, 기업은 M&A에 의해 경쟁압력을 제한해야 한다. 둘째, 총수요를 확대하는 방법을 찾아야 한다. 셋째, 기업은 시장규모가 지속되는 한 보다 많은 시장점유율을 증가시킬 수 있다. 넷째, 기업은 비용을 절감함으로써 장점을 확보해야

을 다양화할 필요가 있다.

더 나아가 휴대폰시장은 성숙기에 접어들면서 그 성장세의 둔화로 불안정한 동요가 계속될 것으로 전망되기 때문에 휴대폰판매의 불확실성을 EU시장 내에서 감소시키기 위하여 제품성능을 향상시키면서도 생산비용인하를 가능하게 할 수 있는 새로운 기술혁신과 연계된 마케팅전략을 구사할 필요가 있다(Blomqvist, Hara, Koivuniemi and Aijo, 2004).

휴대폰의 성장세를 리드한 미국기업들은 미수요 시장개척 등 성공적 신성장동력 개선 및 소규모 R&D를 통한 적기 아이디어 창출[62] 역할로 휴대폰 마케팅의 기대치를 상승시켰다. 더불어 중저가시장은 고가시장에 비해 적어도 40개 이상의 누적된 다양한 제품 출시[63]가 시장의 수명을 길게 한다는 것이다.

한국기업의 신개발 DMB[64]폰에 대한 집중투자는 대량 마케터의 입장보다는 틈새시장확보를 위한 기술개발에 많은 역점을 둔 것으로 평가된다. 그러나 마케터가 시장지분확대와 R&D지출 간에 균형을 맞추지 않을 경우에는 캐즘에 걸릴 확률이 증가한다고 볼 수 있다(Moore, 1999). 따라서 휴대폰과 같이 소비자의 욕구가 급변하는 세계시장을

한다. 다섯째, 제품의 공격적 · 방어적 조치를 통해서 현 시장점유율을 보호해야 한다.

[62] 모토로라 초슬림폰 부문의 경우 - 휴대폰시장에서 초슬림폰이라는 잠재시장을 개척하여, 수요를 창출하는 데 성공하였다. Samsung과의 고전 끝에 2004년 말 RAZER모델로 히트하면서 다시 미국시장점유 1위 자리를 회복한 예이다.

[63] 2005년도 기준 유럽시장의 제품출시현황 리서치.

[64] Nokia의 모바일 TV 포맷인 'DVB-H'가 유럽지역 모바일 TV 표준기술로 선택될 전망이다.

평가하고 예측하는 마케터는 R&D부서와 제조부서와 영업부서와 고객부서 간에 조정업무를 디자인하고 시험적으로 상호작동을 검토하면서 지역시장과의 단절을 감소시키는 수단을 확보하고 있는 것이 기업으로서 재무위험 또는 기술혁신을 위한 자금확보 차원에서 중요한 역할을 하게 된다(Godin, 2004).

2007년 최근 국내의 마이크로파를 이용하여 수십미터 거리에서 무선으로 전력을 전송하는 실험의 실용화로 휴대폰 제품에 무선으로 전력을 충전하는 기술의 보급은 R&D의 접목이 다각도로 이루어 나가고 있다는 점이다.(특허청, 2007)

기술 마케터는 유럽의 시장과 한국의 시장 등 각 시장별 문화적 차이점을 인식하고, 차별화된 상품전략을 세우고, 그 상품을 신속하세 세계적 상품으로 전환할 수 있는 조직을 작동시키기 위한 혁신적 조정을 수행할 필요가 있다. 유럽시장에서 히트한 휴대폰을 가지고 미국의 시장에 알맞게 미국화된 제품을 개발하는 전략 또는 그 반대방향의 전략을 시장수요, 경쟁기업의 핵심역량, 환율의 변화 등을 고려하면서 구사할 필요가 있다.

동시대적인 시장으로서 미국에서 출시해서 수요가 급증한 제품이 1~2년 후에 유럽에서 출시하여 붐을 일으키는 것이 아니라, 동시에 출시시스템을 구축하여 소비자가 기대하는 소프트혁신[65]을 개척해 가는 기술R&D경영은 기술혁신과 소비자마케팅 분야에서 동시에 시너지효과를 가져올 수도 있다(Blomqvist, Hara, Koivuniemi and Aijo,

---

65) Godin이 언급한 것으로, 대규모 혁신이 아닌 소규모 혁신을 의미한다. 작은 창출과 디자인의 변형 등을 통해서 신속한 시장을 점유하는 점에서 큰 성과로 본다.

2004). 그러나 국가별 GDP에 따른 1인당 구매력의 격차나 내생적 요
인(Romer, 1990)에 의해 국가 간 제품선호도의 시간적인 차이가 발생
할 것이다. 현지파생R&D 구축과 병행해서 통합된 마케팅을 추진할
수 있게 된다면, EU시장이 미국시장이나 기타 시장의 예상하지 못했
던 내생적 충격을 불태화시키거나, 아니면 이를 기술혁신 또는 틈새시
장의 기회로 포착하여 이에 적합한 글로벌제품을 개발하고 소개할 수
있게 된다.

(4) 생산과 마케팅의 현지화 전략

한국 휴대전화기업의 진출형태는 현지지사마케팅을 통한 시장조사
(community demographics or lifestyles)를 반영한 기술개발전략이 시장
점유율에 영향을 미쳤으나,66) 중·동부유럽확장(2004)에 따른 마케
팅전략 측면에서 새로운 요인들을 반영하여 우선순위(Concentrated
marketing) 및 세분화(Segments)를 다시 설정할 필요가 있다(Gapper,
2003).67)

Pan-EU시장변화와 기술혁신과 주요국의 매크로 변수들을 반영할
수 있는 휴대폰의 마케팅전략을 다음과 같은 과정을 거쳐서 수립할
필요가 있다.

첫째, 미래의 휴대전화 개발 측면에서 EU시장의 점유율 확대를 위

---

66) 본사의 파견관리자에 의한 수직적 통합구조의 해외지사관리방식으로
   Samsung 70여 개, LG 44여 개 지사 등, Heterogeneous 측면을 수용한 수평
   /관계마케팅보다는 해외지사를 통한 수출 위주의 마케팅을 전개하여 추후
   현지법인화하는 형태였다.
67) Gapper, John(2003). 'Wheel of Fire', *FT Magazine*.

한 표준화와 혁신에 있어 지역마케팅 및 R&D마케팅을 강화하며, EU
의 남부확장(1989) 시기와 달리 중·동부유럽 일부는 R&D클러스터
를 구비하고 있다는 점에서 생산기지로서 중요성이 크다.

EU 내 신회원국에 대한 마케팅 기회를 포착하기 위해서는 기존 제
품뿐만 아니라 신제품의 시장포지션(positioning)이 중요하다. 다양한
국가와 민족이 분포한 EU 내에서의 시장전략은 미국과는 다른 기회포
착을 전개해야 되는데, 문제는 지역 및 국가별 마케팅 기회비용에 따라
마케팅 부문과 R&D팀의 연관성에서 시장정보의 불균형(information
asymmetry)을 야기할 수 있다는 점이다(Gassmann and Zedtwitz,
2003). 시장변화와 위험분산 측면에서 해외연구소가 필요하다.

휴대폰제품에 대한 지역국가(환경, 시간, 문화, demographie)에 동
화된 지역제품(pre-positioning 가치부여)으로 마케팅 기회를 넓히고,
기회비용이 적은 계층별 구조(societal tectonics)[68]로 구성하여 각 시
장의 크기를 적절하게 설정할 필요가 있다. 주요 선진국(프랑스, 독
일)에서 휴대폰의 인지도가 높아 점유율이 높다고 해서 CEE국가들에
대한 제품선택의 이질적(heterogeneous) 이미지를 단시일에 상승시키
기는 어렵다는 것이다. 분명 EU 내 제품확산의 속도는 빠르지만, 기
술마케팅의 초기수용도는 단계적으로 동태적 균형을 이루면서 이동하
고 있기 때문이다(Newey and Shulman, 2004).

둘째, 저임금과 고급인력 측면에서 CEE는 제품연구개발기지로 적
합하다. 연구개발의 소요비용: CEE(중·동부유럽)는 소규모 투자[69]를

---

68) 예를 들어, 프랑스의 계층별 사회구조와 헝가리의 계층별 사회구조의 차
    이점.
69) Wales의 '소규모 기술이론'으로 볼 때 EU 내 개발도상국 기업의 경쟁우
    위가 그 자국의 시장특징에 따른 낮은 생산원가이다.

통한 혁신 및 개발마케팅(Lab과 Marketing)을 통해 얻은 디자인혁신
을 이룰 수 있으며, 대규모 R&D labs 투자는 본사(한국)를 기반으로,
주요 지역 Lab과 연계하여 이루어져야 할 것이다(Cesaroni, Minin and
Piccaluga, 2004).

셋째, EU의 자금지원인 CSF(Community Support Framework) 및 기
존회원국의 정부지원이 CEE에 집중된다는 점을 고려하여 Dunning(1994)
의 절충이론을 기반으로 연구개발 대상국가를 선정할 필요가 있다.

투자자원의 조달방안 가능성: Roland Berger 시장조사전문기관의
자료(2005)를 분석하면, 서유럽의 중간가격대의 제품이 점점 수요가
감소하는 대신, 높은 품질, 유명브랜드의 고가제품 또는 저렴한 노동
력을 바탕으로 한 중·동부유럽 및 아시아 국가들로부터의 저렴한 제
품 등으로 소비자들의 구매패턴이 뚜렷이 나누어지는 경향이 갈수록
심화되고 있다. 품질과 가격의 측면을 고려해서 투자자원을 수익률이
높거나 다음 시장기회와 연결될 수 있는 분야에 우선순위를 두고 시
행하는 것이 바람직하다. 고품질과 저렴한 가격이 역내 무역의 시너지
효과를 창출하게 한다. EU기업과 함께 진출기업은 향후 터키를 포함
한 신규회원국으로의 다국적 경영확산을 용이하게 하고 대외직접투자
를 하게 한다.

넷째, 우선순위: 휴대폰의 글로벌마케팅투자를 위해서는 기술개발수
단으로서는 내부원천(internal sources)과 외부원천(external sources)[70]
간의 선택에 대한 평가가 먼저 진행될 필요도 있다. 직접투자 중 현지

---

70) Cohen and Levinthal(1990), Grant(1996)은 연구개발에 대한 투자형태
로서 외부원천활용방안과 신EU시장의 확대를 위한 신규투자 간의 선택
과 기존회원국의 R&D기지나 신규회원국의 생산기지 확대를 검토할 필
요가 있다고 주장한다.

연구개발은 비밀을 유지하는 것이 중요하기 때문에 연구개발의 보안성 있는 투자도 병행해서 이루어져야 하므로, 기업은 소비자들이 직접 개발하는 '프로슈머(Pro-summer)'전략을 기피하는 경향이 있다(Toffler, 1980). 그러나 CEE에서의 현지개발은 다양한 기술수용과 소비자성향을 파악하기 위한 전략으로 간주하여야 한다. 따라서 EU는 서유럽, 북유럽, 남부유럽, 중·동부유럽, 터키를 포함한 유라시아 등으로 세분화하면서 집중마케팅(Concentrated Marketing)을 하는 것이 더 효과적일 수 있다.

EU시장확대의 집중마케팅은 각 지역의 강점인 비즈니스엔지니어, 첨단기술력, 소프트프로그램, IT연구대학, 소비자혁신성향 등에 따른 미래형 휴대전화의 R&D 공동투자를 적극적으로 고려한 태스크포스팀(TFT) 마케팅전략을 의미한다(Ghoshal, Korine and Szulanski, 1994). 각 지역개발마케팅을 통해서 얻은 결과 값을 평가하여 EU 내 각 시장별 공통점에 포커스를 두고 분석하여, 최대 규모의 시장을 포착하여 이를 연구개발 및 마케팅에 반영함으로써 EU시장의 점유율을 확대해 나갈 수 있다. 또한, 가격차별화를 통해 제품의 수요를 증가시키려면, 동급모델 중 최고품을 개발해야 하며, 모델의 다양화로 수요변화를 반영하는 시장의 확대가 가능하다. 현지의 R&D허브로써 새로운 기술을 제공받아서 혁신적인 제품개발로 연계되는 네트워크화가 형성되고, 이는 고객의 핵심요구를 반영하여 복잡한 기능의 첨단제품과 생산라인을 줄일 수 있는 Pan-EU 내의 제품(production)을 이루게 한다(Gottfredson & Aspinall, 2005).

2007년 최근 국내에서는 마이크로파를 이용하여 수십 미터 거리에서 무선으로 전력을 전송하는 실험이 실용화되고 있다.(특허청, 2007)

즉 휴대폰 제품에 대해 무선으로 전력을 충전하는 기술의 보급능력은 R&D의 접목이 다각도로 이루어져서 앞으로도 지역 기술인프라의 중요성이 부각되고 있다.

다섯째, Pan-EU에 따른 CEE의 낮은 R&D비용과 관세장벽 완화, 거리상의 저렴한 수송비 등이 형성되어 R&D투자비용이 변수로 작용된다고 본다. Alchian & Allen(1983)은 제품의 비율과 운송비용에 따라서 생산지의 수요보다 비생산지의 수요가 확대된다고 본다. 생산지의 고가고급제품 대 저가저급제품의 비율(2:4)이 운송비 혹은 관세에 의해 비생산지의 고가고급제품 대 저가저급제품의 비율(2:3)이 낮아지므로 고가임에도 구하고 수요가 창출된다는 것이다. 본 연구에서는 Alchian의 운송비·관세 대신 R&D의 투자비용으로 보고자 한다. 이는 R&D아웃소싱으로 제품가격을 차별화하여 비용이 적은 R&D투자로 큰 이익을 얻게 하며, CEE에 투자하였을 시 제품비율이 낮아져서 수요가 증대될 수 있음을 검증하고자 한다.

(5) CEE의 R&D투자의 중요성

Ⓐ EU R&D투자의 전환점

세계화가 진행됨에 따라서 단순한 규모경제를 활용하는 제품의 생산 및 마케팅은 부가가치가 적기 때문에 제품차별화와 설계능력이 증가되고 있다. 이에 한국기업의 FDI가 시장 및 자원중심(resource markets)에서 연구개발마케팅으로 전환하여야 할 시점(timing)에 이르렀다고 할 수 있다. 2002~2004년까지 Nokia의 휴대폰시장점유율이 점차 일시적으로 감소한 이유로는 아웃소싱에 너무 의존해 왔기 때문

에 부가가치가 적은 점을 개선하기 위해서는 자체기술개발능력 또는
핵심역량의 제고가 필요하다고 본다(Celestino, 1999).[71] 하지만
Nokia는 아웃소싱(ODM, OEM)을 위 필요 이상의 비용지출과 그 비
중이 커서 부가가치 창출이 상대적으로 적었기 때문으로 분석된다
(Manchester, 2000).[72]

한국기업은 Nokia의 문제점을 통해 R&D의 적시성[73]과 시장의 일시
적인 난관을 극복하는 마케팅을 구상할 필요가 있다. 시장진입이 경과
함에 따른 다음 단계에 도달하게 되는 제품(Original new products: 최
초의 신제품, Reformulated new products: 재창조된 신제품)[74], 시장,
경쟁의 특성에 의존해야 한다는 것이다. 시장조사 또는 머천다이징이
준비되지 않은 시장진입은 소비자변화를 충족시킬 만한 제품들을 생산
하기까지의 회임기간에 소요된 매몰비용을 증가시키거나, 마케팅이 체
계적이지 않아서 경쟁기업에 기술 등을 포함한 전략을 노출시키기 때
문에 일시적 과다지출과 경쟁력약화와 같은 문제를 가져오기 쉽다.

따라서 준비되지 않은 시장을 선도하기 위해서는 Callahan and Lasry
(2004)가 제시한[75] 소비자선호도의 변화를 유도할 전략을 개발할 필
요가 있다. 최근 새로운 잠재적 시장개척개념을 활용하여, 시장확산을

---

71) Celestino, Marthar(1999). 'Choosing a third-party logistic provider', *World Trade*, pp.54-56, July.

72) Manchester, Phil(2000). 'Outsourcing: Keeping check on a vital partnership', FT Understanding supply chain execution, *Financial Times*.

73) Nakamoto, Nichiyo(1992). 'Building networks', *Financial Times*; Gourlay, Richard(1994), 'From fat to lean enterprises',*Financial Times*; Cordon, Carlos(1994) 'Doing justice to justice to just in time', *Financial Times*.

74) Yoon and Lilien(1985).

75) Callahan, John and Lasry, Eytan(2004). The importance of Customer input in the development of very new products, *R&D management*, 34, 2.

위한 CEE을 지리적인 요충지 측면으로 활용하여, 인접한 신흥시장[76]을 위한 초저가폰의 출시[77]를 준비하는 기업의 현 위치에서 전략을 검토해 보자.

Motorola(GSM협회−EMHI 프로젝트 선정), Nokia, Philips 등은 초저가폰 생산 분야에서 서로 경쟁하고 있다. 현재의 중고 · 재생폰들을 대체하면서 2006년에 전세계 64억 인구 중 10억이 휴대폰 사용을 앞두고 있으며, 50%까지 확대를 위한 전략을 갖추고 있다(Forrester Research, 2005). 초저가폰이 단순 통화기능만으로 생산단가를 낮춘다 할지라도, 경쟁에서 앞서기 위해서는 재창조된 신제품(Reformulated new products)이 필요하며(Funk, 2004), 시장을 선점하는 것이 매우 중요하다.

한국기업이 이들 시장진입의 시점(timing)을 고려하는 이유는 [표 1] 브랜드이미지에 따른 고가폰 시장이 창출 · 확대되는 시점을 고려하고 있기 때문이다. 그러나 가격차별화 전략을 실시하는 경우에 기술변화가 심한 현재의 시장보다는 잠재력이 있는 신흥시장의 확보에 더 우선순위를 두어야 한다. 그 이유는 가격차별화 전략 시 소비자는 제품의 선택에 있어 Alchian & Allen(1983)이 지적한 바와 같이 필수품의 경우는 비록 그것이 높은 가격이라 하더라도 고품질의 제품을 구매하게 되기 때문이다.[78]

---

76) 아프리카와 러시아, 중동 등.
77) 개발도상국의 성장속도와 저가폰의 마케팅확대는 곧 시장의 확대와 비례한다고 본다.
78) 다음의 수식(1)은 고품질, 또는 저품질 재화에 대한 수요함수이다. 여기서 하첨자 i, j는 각각 수입국과 수출국을 나타내며, H, L은 각각 고품질과 저품질을 나타낸다. P_{iC}를 기타 제품의 가격이라고 할 때, 품질 g의 재화에 대한 수요함수 q_{ijg}는 다음과 같다.

휴대폰은 통신기능 면에서만은 생활필수품화되어 가나, 통신과 컨버전스된 첨단기능을 갖춘 차세대휴대폰의 경우 현재는 고가사치품이나 미래의 일용품(commodity)이 되기 때문에 지역소비자는 기업마케팅전략의 변화와 제품기능의 품질에 주시하며 고가고급품(P_{ijH})과 저가저급(보급)품(P_{ijL})의 차이에 의해 구매시점(timing)을 기다리게 된다는 점이다.

점차적으로 필수품화되어 가고 있는 휴대폰은 EU시장에서 우위를 점유하기 위해 가격결정이 매우 중요하나(Arete, 2005), 신제품개발이 없는 가격하락은 오히려 시장에서 경쟁력을 상실하게 할 수도 있다. 신중한 투자분석도 필요하지만, 현지개발로 현지수요에 부합되도록 가격의 디변화와 제품의 단순화를 도모하는 것이 경쟁력 강화에 도움이 된다.

휴대폰사용인구가 약 80%에 도달한 EU 내에서 CEE은 이에 규모경제를 실현하는 데 R&D의 중추적 역할을 수행하기 위한 인적자원 및 소프트웨어산업집적이 이용가능하다는 장점을 지니고 있다(Hirschhausen & Bitzer, 2000). 이는 시장 전반의 시스템을 구축하는 마케팅과 유통경로, 품질과 가격 이외의 외부원천도 포함됨을 의미한다(Helble and Chong, 2004).

또한, IT제품처럼 초기투자에 과감한 결단이 필요하다. 신흥시장의 전초기지로 Samsung(2005)은 인도에 생산기지를 구축하고 있으나, 이는 반도체산업의 확대와도 밀접한 관계에 휴대폰산업이 있기에 초기에 수익성은 미미하더라도 사후 반도체나 휴대폰시장의 확대에 있어서 신중한 투자수익성의 가능성을 내포한 것이다.

$$q_{ijg} = h(p_{ijH}, P_{ijL}, P_{iC}), g = H, L \qquad (1)$$

현재 일본으로부터의 휴대폰부품 수입을 EU역내 무역으로 전환하는 현지ODM을 통한 아웃소싱 구축이 대두됨을 의미하며, 러시아, 아프리카 등의 잠재시장의 공급을 위하여 한국기업은 시장에서 범용제품의 판매확대를 위해 파생수요가 되는 IT반도체산업(Nand-flash memory, Mobile CPU, DDR D-RAM 등)에 대한 수요를 추가적으로 창출함으로써 한국기업의 시장점유율 확대와 수익성 개선으로 이어지게 된다.

한국에 일부 생산기지를 가지고 있는 Nokia는 고품격의 제품을 가지고서 한국시장을 확보하기보다는 저가 중·저급품을 전시 위주로 하는 반면에 서유럽에 고품격 고가를 동시에 판매하는 전략을 구사하고 있다. 생산제품의 고가품 희소성이 큰 지역을 선택한 전략이다.

[그림 2] 휴대폰기업의 세계시장 연간 분포도

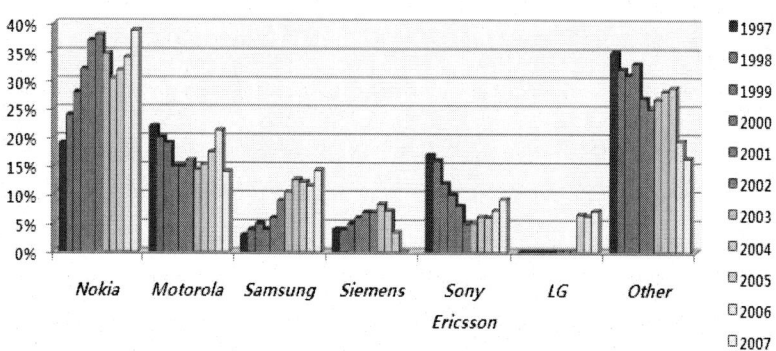

주-Siemens는 benQ에 매각됨에 따라 LG를 2005년부터 삽입하였음.
Source: Nokia 2003, Gartner Data Quest 2004, Strategic Analysis 2005, 2006, IDC, 2007

[그림 2]에서 2004~2005년 재도약하는 Motorola의 경우 한국 내의 수요클러스터에 일치시키기 위해 한국 내 R&D센터를 통해 제품

(Motorola Z)을 출시해 소비자의 선택제한 폭을 넓게 해 주듯 유럽 내에서도 각기 다른 모델에 따라 출시국가를 달리하고 있다(Motorola, 2005). 그러나 2007년을 기점으로 Motorola Razer2(후속 연계 제품)가 개발 혁신의 한계성을 드러나기 시작하면서 이를 대응하지 못함으로써 기술 버블이 발생하게 되었다. 이는 제품모델량의 한계성과 제품다양성의 가격차로 생겨나는 수요로 본다(Alchian & Allen, 1983). 지역의 R&D투자는 지역의 희소가치에 따라 가격이 결정되고 제품의 다양성도 지역의 한정판매나 지역고유제품에 기회비용을 선택해야 한다.[79]

2004~2006년까지의 Nokia를 보면, 삼성전자가 고가의 휴대전화로 휴대사진기기능과 해상도, 첨단기능을 높이기 위해 전력투구로 나갈 때 Nokia는 그간의 고가휴대전화 외에 저가휴대전화 공급에 주력한 시기이다. 저가휴대전화 시장의 진입으로 시장점유율을 30.4~34.1%로 높인 Nokia는 휴대전화 시장에서의 경향을 첨단성능에서 디자인-기능성 혁신으로 전략을 추구했다. 이 기간에 Motorola도 디자인중심으로 시장점유율에 강세를 보이게 되었다.

이는 한국과 서유럽의 판매전략이 흡사 Alchian & Allen의 정리(단, 지역 간의 운송비 제외: MNEs생산기지가 저임국가로 고정 시)처럼, 가격에 의해 제품의 한계량이 생산지와 비생산지의 차이를 나타나게 한다. 인도나 아프리카 등의 신흥국가에 저가품판매는 수요클러스터가 이미 저가대로 정해져 있기에 저가소비클러스터상에 지역희소성(Law of Local Scarcity)에 일치하는 제품의 다양성과 가격을 설정하여 PLC

---

79) Local 가격 P_j, R&D투자 R_{ij} 수입국 i와 수출국 j의 지역희소성을 S_{ij}로 나타내면(단, $S_{ij} > 1$), 이들 사이에 다음의 관계가 성립한다.

$$P_{ij} = PiS_{in} + R_{ij} \qquad (2)$$

상의 전기다수단계(main stream)로 진입하는 마케팅전략이 필요하다.

G-7국가의 R&D투자 파급효과를 측정한 Coe and Helpman(1995)
의 연구는 R&D투자의 사회적 수익률이 평균적으로 123%에 달한다
고 지적한다.[80) EU지역 내 파급에 대해서는 R&D 집중도가 클수록
성장률이 크게 나타난다고 지적한다.[81) 이는 Soete가 지적한 공적투
자의 기술infra와 네트워크를 통해 휴대산업플랫폼 계열화를 이루고
효율적인 R&D의 파급시스템과 아웃소싱을 통한 파트너십을 구축하
여 부품의 단순화 및 제품다양화, 기술의 공용화, 비즈니스 기능별화
등은 유럽지역투자로 비용절감효과를 극대화할 수 있다는 내용과 일
치한다. Adams & Jaffe(1996)의 경우 파급효과의 크기는 기업이 위
치한 거리에 따라 다르고, 지리적 근접성이 파급의 집중도에 상당한
영향을 미치게 된다고 지적한다.

중·동부유럽은 독일과 국경을 접하여 지리적으로 EU의 중심에 위
치하고, 기존회원국에 비해 빠른 성장을 하고 있다. 암묵지식(tacit
knowledge)의 확산은 이를 보유한 전문가 간의 접촉에 의해 파급되는

---

80) Only three studies to date use cross country data, thereby presumably
capturing intra-country spillovers. Coe and Helpman(1995) estimate
rates of return to R&D of 123% for the G7 and 85% for the
remaining 15 OECD countries; van Pottelsberghe de la Potterie and
Lichtenberg(2001) find returns of 68% in the G7 and 15% for a subset
of the remaining OECD countries. At the long run US cost of capital of
7%, these estimates imply that the optimal levels of R&D should be
multiples of their present levels.

81) Luc Soete(1989)는 Business-oriented R&D를 통한 발전을 제시하였다.
다양한 유럽국가 내에서 다국적 R&D에서 기업집중의 효율성에 대해
서, Luc Soete는 1990년대에 유럽의 산업이 미국보다 뒤쳐진 경우의 요
인들 중 하나로 Business-oriented R&D로 본다.

것이 학술지의 발표를 통한 확산보다 효과가 크다는 점을 고려할 때 동질적인[82] 문화권[83]에 속하는 중·동부유럽 전문가 간의 접촉을 통한 암묵지식의 공유가 EU시장에 미치는 영향은 크다고 할 수 있다. 중·동부유럽은 독일과 국경을 접하기에 독일경제권[84]에 속하고, 제1차대전 이전의 Austria-Hungary제국을 형성해 온 측면에서도 이 지역은 동질적 성향에서 범EU시장의 문화콘텐츠제품(cultural contents product)에 대한 유사한 성향을 갖는다.

[그림 3] Heterogeneous/Homogeneous consumer needs, tastes and lifestyles.

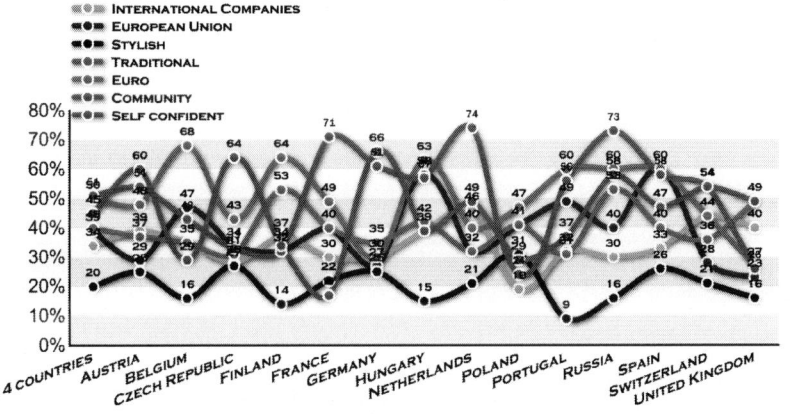

자료: Reader's Digest European Trust Brands 2005.

[그림 3]에서 각국 소비자의 성향(Demographic segmentation)에서

---

82) e.g. Jain 1987; Czincota & Ronkainen 1993; Assael 1998; Bullmore 2000; expect this convergence to lead to homogeneous consumer needs, tastes and lifestyles.

83) Shaw, Onkvisit(1979)는 기술혁신을 통해 사고방식, 문화, Community, 종교 등이 유사해진다고 함.

84) Hungary는 Germany의 제1위 수출입국(export: 35.5%, import: 24.2%).

서구와 CEE를 비교할 때 국가마다 이질적(Heterogeneous) 수요차이가 나타나지만, 스타일(Stylish)이나 전통(Traditional)에 비해 유로(Euro)와 자체신뢰(Self confident)가 더 높은 비율을 이루고 있다. 이는 각각의 소비자성향이 강한 클러스터별과 약한 클러스터별로 동질(Homogeneous)적 비율을 이루므로, CEE가 대EU역내의 강한 동질성(Homogeneous)을 띤 제품별 수출이 유리하며, 서구와 CEE의 구분 없이 한국은 동질적 성향의 국가들로 클러스터를 묶는다면 무역에 따른 제품의 이질적 차이(Heterogeneous)를 보다 줄일 수 있다고 본다.

Colby and Parasuraman(2001)의 기술마케팅 입지를 정하기 전에 범유럽화에 따른 소비자기호도가 기존회원국과의 소비자기호도와 이질적(Heterogeneous)인 격차를 파악할 필요가 있다.

ⓑ 시장성 분석: 소비·클러스터

시장이 확대된 EU를 Radosevic(2004)이 혁신별 선진·후진 국가클러스터로 구분하여 혁신역량의 경쟁력이 내재되어 있다고 함은 한국기업의 대EU R&D투자의 효율적인 분산투자가 있어야 함을 시사한다. 더 나아가 자본재수입을 통해 기술을 보유하게 될 경우 타 기업의 기술을 한발 뒤에서 쫓아갈 수밖에 없어 급변하는 IT시장에서 기술경쟁력을 갖기 어렵다. 따라서 R&D클러스터가 형성되어 있는 지역에 R&D투자를 하여 수입을 통한 기술도입이 아닌 선진기업들과의 기술공유의 형태로의 발전을 모색할 필요가 있다.

EU 확대처럼 과도기에 접해 있는 시장은 장기간의 R&D투자를 통해 수익을 얻게 된다(Wiefels, 2002). 제품수명주기이론에서 소비자의 제품수용에 따라 기술에 대한 재투자는 점진적인 S형 곡선을 이룬다.

그러나 Moore(1999)는 첨단 IT제품의 경우에는 이런 일반적인 이론과 달리 소비자 군에 따라 전혀 다른 구매패턴을 보인다고 지적한다. 이는 EU의 각국 소비 군들로 구분하는 것도 Radosevic(2004)이 혁신역량별로 국가클러스터 군으로 구분했듯이 조사되어 세분화되어야 한다고 본다. Moore(1999)는 기술을 수용하는 주기에 따라 소비자들을 다섯 그룹으로 분류하고 각각의 그룹 사이에는 크고 작은 균열이 존재한다고 한다. 이 중 선각수요자단계와 전기다수단계 사이의 큰 단절이 캐즘(Chasm)이다. R&D를 통한 마케팅전략은 초기시장의 중요성[85]을 Newey and Shulman(2004)은 제시한다.[86]

Colby and Parasuraman(2001)이 PLC의 다섯 단계를 다섯 소비자 수용 군으로 제시한 것을 통해 나타나듯, 혁신클러스터별 EU국가를 세분화해 다섯 단계 유형별 클러스터로 국가를 모아서, 다섯 단계별 중 초기수용단계국가와 그 외 단계의 국가들로 클러스터를 형성한다고 본다. 디자인, 유통경로, 가격, 프로모션전략 등의 변수로 수용단계가 달라진다. 국가별 수용단계에 따라서 단계 간 교차점을 연결해 주는 요소분석도 지속적으로 필요하다.

Pan-EU는 시장에서 기존 제품브랜드의 선호도가 이미 형성되어 있기 때문에 R&D전략 시 신제품 현지포지셔닝의 필요성이 요구됨과 동시에 소비포지셔닝의 확고한 전략은 시장확대 시 여러 위험 현상

---

85) 디지털카메라와 아날로그의 필름카메라 사이의 경쟁전략에서 기업의 마케팅전략이 필름카메라를 대체하게 할 수 있게 하였다. 디지털카메라에 대한 초기시장 마케팅전략은 화소의 성능의 극대화와 사용의 편리함을 강조하는 기술혁신개발과 지속적인 소비자수용성 마케팅이 적중한 결과이다.

86) Newey, Lance R. and Shulman, Arthur D.(2004), Systemic absorptive capacity: creating early-to-market returns through R&D alliances, *R&D management*, 34, 5, p.495.

중 포지셔닝의 단절을 예방할 수 있다. [그림 4]는 유럽 내의 신흥시
장인 러시아의 경우 이질적(heterogeneous) 측면에서 배제된 제품가
격차별화 혹은 신기술이 소비자와의 단절됨을 제시할 수 있다고 본다.
저가품모델의 신기술의 수요효과 크기에 비해 고가품의 모델이 제공
하는 신기술의 수요효과가 크다면 소비자는 가격과 브랜드와 상관없
이 고가품을 선호하게 된다는 점을 나타내준다.

[그림 4] 기술수용주기의 심리통계학적유형 일치성(제품포지셔닝/브랜드)

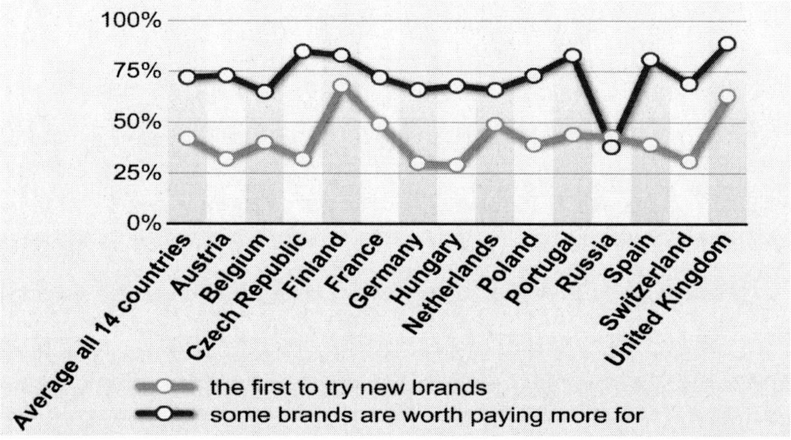

Source: 논자 자료 분석, Reader's Digest, European Trust Brands 2006.

IT기업들은 기술도입 경쟁과정(수요부진과 기술적 bug 문제제기)
에서 신기술이 실용화되기까지 투자수익의 상대적 위치를 기초로 하
여 그다음 R&D투자를 결정하게 된다. [표 5]와 같이 연구개발의 파
트너십과 개발마케팅 측면에서 볼 때 중·동부유럽시장의 R&D투자
시의 SWOT 분석은 다음과 같다. Radosevic(2004)의 논문에서는 중·
동부유럽의 IT시장을 그 시장성을 기준으로 크게 넷으로 분할하여 헝
가리와 체코, 슬로베니아는 강력한 시장으로, 슬로바키아는 가능성 있

는 시장으로, 폴란드는 약세가 예상되는 시장으로 분류하였으나, 점차 2004년부터 회복되어 가며 위험한 시장은 없다고 평가된다.

[표 5] CEE시장의 R&D투자 시의 SWOT 분석

STRENGTHS	OPPORTUNITIES
• Good quality 제조업[87] • 다수의 노벨수상자(고급인력)[88] • 적극적인 정부의 육성의지 • Venture 기업가 • S/W공학기술 • Hungary, Czech, Slovenia 강점[89]	• 다국적기업R&D의 허브[90] • EU시장편입 • 관세장벽 완화 • Slovakia 강점[91], Poland
WEAKNESS	THREATS
• 해외현지화 및 마케팅능력 결여[92] • 핵심기술 해외의존 • 초고속인터넷통신망과 무선통신망	• 다국적기업과 경쟁 • 내만 등의 경쟁국 정부징책직 지원 • 인도, 중국 등의 급부상

자료: 논자 자료 분석.

---

87) KERMI(2003). Commercial Quality Control Institute, Hungary.
88) Nobelprize.org(2005). The Nobel Foundation - 노벨수상자 수/인구당
89) IMD(2004), World Competitiveness Yearbook, [F.C생산: Factor Conditions (1인당 R&D지출액($): 66.5, 88.5) D.C수요: Demand Conditions, (1인당 GDP(PPP, $: HU 13,762, CZ 16,286) R&S: Related & Supporting(인터넷 사용자(천 명당): HU 246.9, CZ 293.7) Industries, S.S.R: Strategy, Structure & Rivalry(노사관계 (설문): HU 7.45, CZ 7.20) 등에 강점을 나타냄]
90) 주요 R&D센터 수: Chech-Honeywell, Ericsson, Hewlett-Packard, Panasonic, Rockwell Automation, Mercedes-Benz, Hewlett-Packard, ON Semiconductor, AVX(Kyocera), Boeing, Bosch, Matsushita, Motorola, Philips, Siemens, Škoda, ThermoKing(Ingersoll-Rand), Viscofan, Hugary-Nokia, Siemens, Scansoft-Recognita, IBM, Oracle, Siemens-Sysdata, SAP, etc.
91) IMD, World Competitiveness Yearbook 2004, [D.C: Demand Conditions (고등교육 정도(%): PL15.2, SL11.9), Industries, S.S.R: Strategy, Structure & Rivalry(기업가정신(설문): PL5.45, SL5.83) 등에 강함]
92) DDP Warsaw(바르샤바의 마케팅 회사): 시장성 - '상당히 제한적'

제 3 장

R&D투자의 캐즘·버블
(tech bubble)범위 추정

2000년 정보기술(IT)산업에 버블이 발생한 이후, 지금까지 캐즘과 기술버블에 대한 보편성 없이 버블을 논하기도 했으나, Kirman & Teyssiere(2005)는 다음과 같은 두 가지 근거로 문제가 야기된다고 지적한다. 첫째, 경제모델에서 기업의 실제적 단기적 측면과 기대한 변수들이 이질적(heterogeneous)일 수 있기에 기업의 시장조사를 통한 기대치를 형성하는 방법과 범위 혹은 기업활동의 경험을 통해 밝혀진 법칙들과 본 연구모델에 의해 데이터상의 추정하는 버블범위 내에서 조사된 것과는 각 변수들의 오차범위가 존재한다. 둘째, 신제품개발(NPD)로 예측과 변화를 통해 버블 혹은 캐즘 같은 현상과 특질을 산출하여, 무작위한 변화시점(timing)의 측정이다. 이를 근거로 캐즘·버블범위를 R&D투자의 범위로 축소하여 R&D의 이질적인 변수들과 R&D투자의 변화시점을 관찰하여 Pan-EU시장의 대처방안을 추정하여 가설을 설정하고자 한다.

R&D의 연구인원수나 마케터(marketer)의 인원수가 많고 적음으로 강점을 나타내는 절대지표를 사용하기 위해서는 보완적 설명이 필요하다(Gilad, 2004). 소수의 인원을 최소의 비용으로 개발부터 마케팅까지 창의적으로 활용한 캘리포니아 실리콘벨리의 여러 기업들에 대한 예는 시장경쟁의 맹점을 제거하는 인텔리전스지식(intelligence expertise)[93] 분석이 필요하다는 것을 의미한다. 초기수용자의 Risk인식에 관해서 대부분의 기업이 신제품 경쟁 시 위기에 대한 조기발견 프로세스는 익숙하지 않은 개념이다(Lichtenthaler, 2004).[94] 신제품 또는 기업에 대한 캐즘·버블에 대한 인식을 갖고 사전에 연구함으로

---

93) Gilad, Ben(2004)는 경쟁환경 속에 있는 기업은 경쟁사에 대한 전문적인 지식과 경쟁정보 전문가를 필요로 한다고 본다.

94) Lichtenthaler, Eckhard(2004), Technology intelligence processes in leading European and North American multinationals, *R&D management*, 34, 2, p.121.

써 제품수요와 기업에 대한 공급과 수요의 불일치를 조기에 파악하고 대응하는 것이 중요하다.

[그림 5] 마케팅의 캐즘과 기술버블의 범위
(the boundary between the chasms and techno-bubble on R&D-marketing)

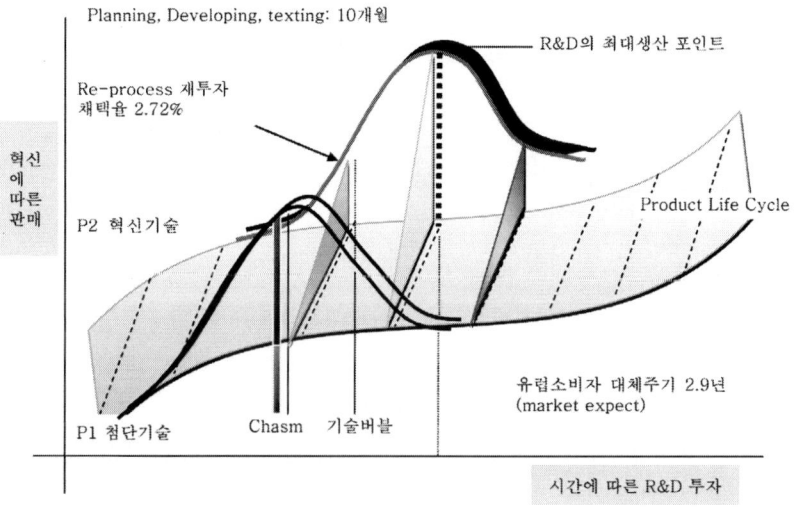

자료: 논자 자료 분석.

[그림 5]와 같이 신제품(NPD)에 대한 초기수용자의 반응을 미리 파악하여 사전에 비용절감과 상품의 차별화에 따른 민첩한 소규모 이동을 통한 process redesign이 이루어지도록 하여야 한다. 현지에서 시제품 test 시 판매와 소비자 간의 단절(chasm)이 형성되기 전에 신속히 제품의 주기로 연결시켜야 한다. 본사와 Local 파생R&D의 다양한 차별화 경쟁전략으로 신속한 경영을 통해서 P1 첨단기술(High-tech: 대규모 개발) 부문과 P2 혁신기술(innovation:소규모)개발 부문의 연결로 캐즘 극복을 위해 재구성시킨다. P1(첨단기술)상에서 기술버블

의 증후가 나타나면 바로 P2(혁신기술)상에서 손쉽게 개발할 수 있는 혁신 제품을 바로 시장에 맞게 벤치마크한 제품으로 바꾸어 출시해야 기술버블에 빠지지 않게 된다. Nokia · Samsung은 가치 있는 고객들의 제품결정이 확대됨에 따라 이동하였다(Strebel, 2006). IT 분야에서의 신기술도입 주기가 매우 신속하다는 것을 인지한 고객들은 제품을 구입할 때 제품의 미래가치성, 즉 차세대기술이 도입되어도 구매하려는 기기를 통해 차세대기술을 사용할 수 있는지를 검토한 후 제품을 구매하는 것으로 조사된다(독일FOCUS, 2005).[95]

산업불일치를 인해 예상된 손실(expected loss)이 발생할 확률은 기존의 전략과 시장전개 간의 격차에 의해 영향을 받게 될 것이다. 격차가 크면 클수록 잠재적 손실도 증가한다. EU에 진출한 다국적기업들은 외생변수(externality)에 대한 일관성과 예측력(내생변수)을 갖는 양면적인 통찰력을 지니고서 R&D와 마케팅을 연계한 전략으로 다가오는 위기를 극복해야 할 필요가 있다.

첫째, 실제로 최근 10년간 EU휴대폰 가입자는 빠르게 성장하여 80% 수준의 한계치에 도달하였다. 기업 간의 수평적 파트너십이 실현될 때 한계변수를 극복한다. 둘째, 휴대폰의 글로벌제품을 위해 지역광고를 통한 전략으로 마케팅비용이 증대되는 단점보다는 R&D아웃소싱을 통해 현지의 시장변화에 적응시키는 것이 필요하다. 셋째, 휴대폰의 Innovation단계부터 단기적 영향에 EU시장 내 투자확실성을 결정한다. 넷째, 휴대폰의 Niche market은 고객의 특정한 가치창출이 어렵다. MNEs의 고가품전략으로 유럽시장의 첨단제품 경쟁이 심하여 고가첨단제품의 PLC가 더 짧아진다. 다섯째, 다국적기업의 브랜드, 디자인 위주의 차이에 따른 영향력보다는 발전방향과 그 대안방안을 중시해야

---

95) 'Communication networks 9.0' 참조.

한다. 여섯째, 휴대산업에는 막대한 기술개발비용으로 인해 경쟁업체들이 모든 것을 다할 수 없는 구조로 변하고 있기에, 저변확대정책(lower strata)및 제품개발기간 단축(Technology Life Cycles)과 기기의 convergence로 인한 총체적인 산업으로 지속적인 R&D투자가 필요하다. 이에 R&D아웃소싱의 효율성이 캐즘을 극복할 수 있다.

3.1 R&D성과

IT기업들이 R&D를 강조함에도 불구하고, 신상품의 50~80%가 실패하고 있다. Christensen(1997)은 고객의 요구에 귀를 기울이는 기술개발의 통로를 통해 시장을 직시해야 하지만 경영관리에서 마케팅까지 모든 과정을 독자적으로 운영하는 다국적기업은 실패하기 쉽다고 지적한다. 같은 맥락에서 R&D센터를 국내에만 구축하려는 기업들은 EU의 시장에서의 고객확보에 실패할 확률이 상대적으로 크다고 할 수 있다. 기술을 분리하여 시장에 진입하려면 기술의 파생조직을 개발해야 한다는 Christensen의 권고에 따르면, 중·동부유럽을 EU의 파생적인 R&D센터로 구축함으로써 아웃소싱이 증대될 것이다.(가설1: CEE에 R&D클러스터를 설립하는 일이 high-tech 개발로 이어지고 이는 수출증대를 가져온다.)

첫째, 기존의 연구성과물을 활용해 최대의 수익을 획득하여야 한다. 예를 들면, 통신회사 겸 휴대폰회사 에릭슨은 3만 명이 넘는 R&D 인력을 바탕으로 2.5G 이동전화기술인 GPRS(general packet radio service) 무선데이터통신과 제3세대 이동전화표준을 선도했었다. 그러나 기술진보에는 시행착오가 뒤따랐다. 연구개발에 대한 과잉지출과 중복투자, 그리고 차세대 이동통신 분야에 대한 위험한 투자를 지속했다. 결국 2001년 IT산업에 기술버블이 발생하자 에릭슨은 6만 명의 직원들을 해고하고 R&D센터들을 폐쇄했다. 그 이후 이동통신사업 부문만이 Sony와 통합되었다.

더 나아가 시장을 확대하려면, 제품의 완전제품화는 휴대폰의 경우, 단말기의 컨버전스(convergence)를 통한 다양화로 소비자의 요구를 충족하기 어렵다.(Ulrich and Eppinger, 1995) 기능이 접목된 카메라폰, MP3폰, DMB폰 등이 단일품목의 디지털카메라나 MP3, DMB, PC 등보다 나은 완전한 제품으로 성능과 더불어 휴대성(디자인·스타일포함)을 갖추지 못하면 초기수용자에게는 수용되지만 성장의 원동력은 될 수 없게 된다는 것이다. R&D는 시장소비자의 실용성에 포커스를 맞추어야 한다.(가설2: R&D아웃소싱이 범유럽(Pan-EU)에서의 제품소비에 영향을 미친다.)

둘째, 수급 측면에서 중요한 것은 공급포트폴리오(portfolio)의 다각화이다. 휴대폰단말기의 핵심사업 분야에만 R&D역량을 집중하는 것이 성공에 빨리 도달할 수 있으나 상승과 하강이 반복되는 글로벌경제 사이클의 장기적인 국면을 고려해서 적절한 시기에 사업을 확장하고 아웃소싱 공급원을 다양화해 리스크를 분산하고 수요물량에 민첩하게 대처하는 것이 좋다.

기능별 실용도가 저하되면, 고가의 다양한 제품은 패션적인 역할을 할 뿐이다. R&D의 구축은 지역시장에 맞는 실용적인 혁신제품개발에 이바지하여야 한다.

R&D전략은 신제품의 과학적 평가에 초점을 맞추지만, 무엇보다도 고객의 관점을 가장 중요시한다. R&D의 우선순위를 고객요구를 반영

하여 수립함으로써 구식 R&D조직과 비효율적인 생산관행 및 시행착
오를 극복하고, 기술혁신을 유도할 수 있는 Colby and Parasuraman
(2001)의 Techno-Marketing적 접근이 필요하다.

첫째, Kotler(1986)와 Varadarajan et al(1992)이 제시한 외부적 문
제로 근거한(Issue management & Cause-related marketing) 마케팅
등이 기업의 발전을 자극해야 한다. 현지정부와 EU기관[96]과의 관계
마케팅(Relationship Marketing)을 연계하여 시장개발을 추진하는 메
가마케팅(Mega-marketing)을 전개해 나아가고, 제품의 수명주기과
정을 재생성하여 제품진화주기(product evolutionary cycle) 등으로 조
명해 볼 수 있다. 둘째 '마케팅이 문화를 창출한다(Marketing creates
Culture).'[97] EU나 미국의 소비자문화를 전적으로 리드하는 것은
R&D가 아니라 R&D와 연계된 마케팅만이 가능하다. 즉, 'R&D <
Marketing'의 관계로 복잡한 첨단기능제품보다는 다양한 제품으로 단
순기능의 혁신을 위한 시장위주전략을 의미하며, (Gottfredson &
Aspinall, 2005)[98] 시장의 테마별 가치에 따라서 제품개발을 통해 가

---

96) EU는 R&D의 핵심축이 되는 e-Europe이 IST(Information Society
Technologies)program을 기반으로 대학·연구소·기업체를 통합한 ERA
와 SEG, ISTAG의 세 개 조직으로 협의체로서, 유럽 각국이 공유할 가
치가 있는 기술을 발굴하는 것이 목적이며, EUREKA라는 협력기구로
근접시장의 협력을 활용하여 급진적인 개발과 경쟁을 유도하고 있다(유
럽의 연구개발협력을 목적으로 EU와 31개국이 회원으로 있는 연구개발
기구임. EUREKA is an intergovernmental initiative which was pro-
posed by the French government in 1985 as an alternative to the
American Star-Wars programme). IST 등의 공개프로젝트에 한국의
연구기관·대학·기업체등이 채택되어 국제경쟁력과 제품의 실용성을 높
이게 하는 R&D전략도 대두된다.
97) Robert Sirico(2002) Acton Institute President.
98) Harvard Business Review(2005), *Innovation VS Complexity, December*.

격경쟁과 제품마케팅 차별화를 달성할 수 있다. 소비자는 만능제품을 원하기보다는 통화 + ∝를 주는 각 지역별 완벽한 기능제품을 선호한다. 예를 들면. 모바일 인터넷이다. 유럽과 달리 한국의 경우는 각 통신사가 제공하는 인터넷이 제한적이다. 노트북에서 사용하는 무선랜(와이브로) 방식처럼, 유럽에서는 인터넷을 활용하는 방식이 전개되어 신고객들을 선점해 가고 있다. 기존 휴대폰업체가 신문화를 창출하지 못하고 있는 것을 아이폰과 구글폰이 창조해 가려 하는 것이다. 본 연구는 이를 휴대폰의 신제품R&D에서 제시하고자 한다. Anthony(2002)는[99] R&D-marketing은 소비자를 교육시키고 의사소통함으로부터 시장을 창출하며, 기업의 생존과 경쟁우위확보(Saunders et al, 1996)를 선점함으로 제품의 수명주기가 늘어나는 역할을 하게 된다. 제품은 각국의 문화적 특성을 내포하고 있고 PLC의 측면에서 보면 특정문화가 지속되는 한 고유제품의 수명도 지속될 수 있다고 보기에 이에 적절한 R&D의 현지아웃소싱이 선행될 필요가 있다는 것이다.

3.2 연구가설

(1) R&D클러스터와 파트너십 가설

Ⓐ 시장확산 측면

R&D팀의 확보는 중·동부유럽 각국 정부의 산업표준과 정책관리

---

99) Gary Hamel and C. K. Prahalad(2002) 'Seeing the future first', *Fortune*, 1994: Anthony W. Ulwick, 'Turning customer input into innovation', Harvard Business Review.

에 영향력을 행사할 수 있게 한다. 3세대 WCDMA[100] 휴대폰의 특허를 보유한 유럽기업의 선두주자인 Ericsson을 비롯하여, Nokia, Siemens, 일본기업 NTT 도코모 등은 휴대폰모뎀칩·통신장비칩의 라이센스요율로 미국기업 Qualcomm의 CDMA2000과 함께 세계시장을 주도하고 있는 실정이다[101](H1a: 기술의 R&D투자가 높을수록 기술특허 증가율이 높을 것이다). 그러나 투자의 규모가 커질 때 신경제 및 기업모델에 대한 혁신적인 시도가 많이 나타나는데, 이는 대규모 혁신과정일수록 기술버블이 잠재되어 있기 때문이다. 투자의 규모가 대규모로 확산될수록 소수의 기업 및 제품만이 생존하게 된다.

모바일 정보사회를 구축하는 핵심기술개발은 시장환경변화에 따른 기술예측 및 체계화를 목표로 한다(Funk, 2004). IT네트워크산업은 표준을 제정하기 위하여 상호우위가 있는 분야에서 공동연구개발특성을 지니면서도 EU와 파트너십을 유지하는 개인 간의 네트워크도 강화시켜야 한다고 한다(Macdonald and Piekkari, 2005). 표준경쟁은 국가 차원에서 진행되기 때문에 Katz & Shaprio(1994)의 IT네트워크효과에 의해서 볼 때 중·동부유럽(CEE)이 선진EU국보다 특정한 투자에 대해 많은 유치능력을 갖게 되는 비대칭적 IT산업의 외부효과를 이룬다. 즉, EU네트워크의 규모가 증가함에 따라 IT소비자수요와 CEE의 소비자 효용도 증가한다고 본다. 표준경쟁의 기술적 열위로 자체개발보다는 유럽 내의 WCDMA 특허를 보유한 중·소기업의

---

100) WCDMA는 GSM에서 발전한 이동통신시스템이다.
101) LG, 삼성전자, ETRI, KT, SKT 등은 차세대 모바일의 WiBro 세계화를 위한 작업으로 IEEE802.16에 영향력을 발휘하고 있다. 삼성전자는 ETRI를 통해 국내기술이 외국의 기술에 비해서 앞서 나가고 있어 표준화를 주도하여 해외유수의 통신업체인 인텔, 노텔 및 모토로라 등과 국내업체와의 협업을 고려해서 상호 Win-Win 전략을 추구하고 있다.

M&A나 파트너십으로 가격경쟁력을 확보해야 한다. 선진EU국가와 미국 간의 경쟁과 파트너십을 통하여 IT산업의 국제표준결정은 기술능력과 수요조건을 고려하여 제정된다(Carayannis and Laget, 2004).

독자적 IT기술개발의 선택은 산업표준제정을 둘러싸고 경쟁기업과 조정 또는 협상해야 하는 경제적 난관에 처하게 된다. 기술표준화에 관련된 핵심적인 기술에 대한 확보는 여전히 선진기업에 의존하고 있다. 기술표준을 확보하고 있는 미국 Qualcomm사에 주는 CDMA[102] 관련 로열티 및 공동개발비는 삼성전자와 LG전자 등 단말기업체가 2001년엔 2000년 2억 3,000만 달러보다 60% 이상 늘어난 3억 6,862만 달러에 이르렀다.[103] 한국기업은 제품의 기술력보다는 생산기술 의존도가 상대적으로 높다. 현재 생산기술로 시장점유율을 확대하였으나 제품의 기술의 표준화가 없이는 경쟁력을 상실할 것이다(Kotler, Wong, Saunders and Armstrong, 2000). 이 점에서 제품의 기술혁신(Innovation)이나 partnership이 확대될 필요가 있다(Thomke and VonHippel, 2002).[104]

유럽 각국이 미국과 경쟁할 수 있는 최소규모의 단일시장을 확보하지 못할 경우, 세계표준선점의 혜택과 막대한 규모의 R&D투자에 비해 최소한의 규모경제 실현이 불가능하게 된다. 이 같은 장애를 극복하기 위하여 EU는 회원국 간의 정책조화와 유럽표준화를 위한 유럽 통신 표준연구소를 중심으로 2세대폰 GSM이라는 이동통신시스템표준을 개발하고 상용화에 성공하였다. 그 결과, 스웨덴이나 핀란드 같

---

102) 세계 휴대폰시장의 전송방식 분포도: GSM70%, CDMA25%, Other5%.
103) 정보통신부(2004).
104) Stefan Thomke and Eric VonHippel(2002) 'Customers as Innovators' *Harvard Business Review*.

은 소국의 기업도 Ericsson이나 Nokia와 같이 글로벌파트너십을 가능
케 함으로써 거대 산업기업으로 성장할 수 있게 되었다.[105]

⑧ 위험분산의 측면

유럽에서 클러스터는 연구개발에 의존도가 높을 경우, 위험도가 높
다. 그래서 분산연구개발을 통해서 경쟁을 촉진시키고 시장변화에 적
극적으로 대처함으로써 위험부담을 줄일 수 있다. 이는 개척적인 개발
전략이 필요하다.

한국 측면에서 볼 때는 기술의 위험분산이 되며, 현지 자국 측면에
서는 R&D클러스터로 기술개발을 형성하게 된다. Nokia는 소프트프로
그램 R&D의 산실인 북유럽과 기술파트너로서 CEE인력에 집중하여
기술이전과 협력을 하고 있다. 차세대 휴대폰개발에 Nokia, Vodafone,
T-Mobile, Orange, NTT도코모, Ericsson, France telecom 등 세계적
인 통신·장비 회사들과 Google, AOL 등 인터넷기업들이 클러스터를
형성 중이다.

CEE은 Nokia의 파생R&D기지로서 고급인력대비 R&D투자비용이
낮은 헝가리에 진출해 관련 핵심기술 등도 개발하고 있는 실정이다.
한국기업 투자가능성은 현지인력의 클러스터와 관련 핵심기술의 동시
개발체제로 High Tech의 표준화와 소규모형태의 기술혁신개발을 상
호경쟁을 통해 이룰 수 있는 기술습득지역이기 때문에 높다. 예로서,
헝가리의 경우 모바일소프트프로그램과 개발마케팅[106]의 강점에 맞게

---

105) 1G(아날로그)⇨ 2G(디지털: CDMA, GSM)⇨ 3G(IMT-2000CDMA:
   동기식-Qualcomm, 비동기식: WCDMA-Ericsson, Nokia 외 20여 업
   체 등)⇨ 4G
106) 관련 산업과의 연계전략: 유럽 및 다국적기업의 CEE 생산기지화로

파생모델의 R&D 1기지로서, 슬로바키아 혹은 폴란드는 핵심부품의 다국적기업의 구축에 따른 파생모델R&D 2기지로서, 체코는 디자인개발의 파생R&D 3기지로서, 기본모델은 한국에서 파생모델은 CEE에서 동시개발하게 하는 전략이다. 이와 같이 핵심기술을 위한 R&D 1기지와 디자인기술을 위한 R&D 2기지와 개발마케팅을 위한 R&D 3기지로 각 국별 특성을 구분하여 본사와 파생R&D의 다양한 차별화 경쟁전략을 세워 신속한(agile) 개발체계와 첨단기술(High-tech) 부문과 혁신(innovation)개발 부문의 캐즘 극복(위험에 대한 대비)체제를 갖출 수 있게 한다는 전략이다(H1b: 현지기술의 집약도 (R&D intensity)에 투자가 높을수록 기술도입의 효과를 극대화시킬 수 있다).

포스트컴퓨터(Post PC: PC+휴대폰)시대에 따른 W3C(국제 웹 표준화기구)도 모바일 웹표준 제정작업 등 선진국들의 기술독점은 지속될 것이다. 왜냐하면 휴대폰은 노트북과 비교해서 교체주기가 짧아서 내부시스템, 및 소프트프로그램 등으로 확연한 생산기술차이를 만들 수 있다. 글로벌파트너십과 아웃소싱이 기술의 표준[107]과 선점에 있어서 시기적으로 시간을 간과할 수가 없다. 기술개발인력이 클러스터화되어 있는 CEE의 R&D구축과 기술M&A는 세계 80%인 비동기식 (EU 방식)에서 원천기술·핵심부품·시스템·운용기술적 등 측면의 열세 극복과 기술료(로열티) 절감을 하기 위한 기술종속의 문제해결방안이 강구되기 때문이기도 하다. 한국기업이 과거 휴대폰기술공용화에 따른 대응보다는 기술모방과 convergence개발에 역점을 둔 단말기

PC, TV, DVD, 자동차 등에 휴대폰과 연결하여 영상, 자동차와 연결한 MP3를 재생하는 등의 다양한 옵션제품개발전략임.

107) EU-UMTS: ETSI, RACE, ACTS, MBS.

부문에만 치중하였다. 중·동부유럽기업과의 기술협력은 OECD의 자료를 보면 2003년 High-Tech수출을 통한 세계시장의 성장비중이 이 지역에서 32.1%로 큰 폭의 점유율을 볼 수 있듯이, 대규모와 소규모로 세분화된 R&D전략의 일환으로 기술공용화와 소비자의 휴대폰 인터넷사용에 따른 기술적 특허와 파트너십이 매출에 미치는 영향을 분석할 수 있는 기회를 제공해 줄 수 있다(H1c: R&D의 파트너십이 높을수록 클러스터 내의 특허율이 높을 것이다).

이를 근거로 혁신역량별 국가의 R&D에 의해 각 지역산업별 클러스터화에 긍정적인 영향을 준다는 사실을 추론해 낼 수 있으며, 다음과 같은 가설1을 설정하였다.

H1(가설1) : CEE에 R&D클러스터를 설립하는 일이 high-tech개발로 이어지고 이는 수출증대를 가져온다.

H1a: 기술의 R&D투자가 높을수록 기술특허 증가율이 높을 것이다.

H1b: 기술의 집약도(R&D intensity)에 현지투자가 높을수록 기술도입의 효과를 극대화시킬 수 있다.

H1c: R&D의 파트너십이 높을수록 클러스터 내의 특허율이 증가할 것이다.

[표 6] EU시장 단계별 확대전략

▽ EU시장 진입전략	-기능적 / 제도적 국제화 ↔ 대규모 R&D
	EU시장을 초기시장단계인 진입을 위해서는 EU의 기술제도에 맞게 첨단산업의 R&D허브를 형성하여 아웃소싱을 하여야 한다.
▽ EU시장 활동전략	-휴대폰 기술표준화/차별화 ↔ Soft Innovation
	EU시장을 성장기단계에서 휴대폰의 판매시장을 유지하기 위해서는 지속적인 EU의 표준화와 차별화하여야 하며, 이는 신제품을 개선하는 혁신제품으로 다양화시켜야 한다.
▽ EU시장 확대전략	-집중 / 확산 전략 ↔ Integrated 기술마케팅
	EU시장에서 R&D의 아웃소싱을 위해서는 현지의 마케팅아웃소싱을 통해 R&D의 확산전략으로 수요확대를 가능하게 함으로써, 제품실용화의 기술버블을 제거할 수 있다

자료: 논자 자료 분석

(2) 기술마케팅의 R&D아웃소싱 가설

Ⓐ 선호도의 시간적 차이가 제품수요에 미치는 영향

첨단기능휴대폰과 무선기기들은 초기수용자(early adaptors)가 시장선점의 중요한 역할을 한다. Nokia는 Local R&D센터를 통해 시장세분화와 인구통계학적 프로파일(demographics profiling)을 구분함에 최초 소비자로 비즈니스시장에 초점을 두고 세 가지 그룹의 유형으로 분석한다(Nokia Telecommunications Oy, 1998).

첫째, 글로벌 노마드(Global Nomads)그룹(40%)이다. 국제 유목민이라는 의미로 국가 간 이동이 빈번한 비즈니스맨을 의미한다. 이들은 비즈니스여행이 많은 첨단기기를 사용하는 전문가들에 속하는 그룹이

며, 신제품개발단계에서 휴대폰의 초기수용자로서 구분되기 때문에 중
요한 수요자들이자 간접마케팅에 효과를 나타낼 수 있다. 둘째,
Migrators그룹(30%)은 Global Nomads그룹의 비즈니스맨보다는 국제
적이지는 않지만, 외근업무에 집중하는 전문비즈니스맨그룹이다. 일반
휴대폰 사용자보다 다양한 기능을 갖춘 휴대폰을 선호한다.[108] 셋째,
Settlers그룹(30%)은 행정, 재정업무 등을 다루는 비즈니스맨으로서
휴대폰의 사용이 일반적으로 많은 그룹을 의미하지만 기본적인 휴대
폰기능을 선호한다. 이 그룹은 사내의 이동에 알맞은 비즈니스맨들로
구성됨으로써 초기 신제품 휴대폰의 사용을 가능하게 한다. 현지비지
니스맨 리서치를 통한 세분화된 제품개발은 초기시장에 영향을 끼친
다. 이에 맞는 R&D인력, R&D설비투자 등도 현지에서 조달하는 것
이 바람직하다(H2a: 리서치개발마케팅은 R&D아웃소싱에 영향을 미
친다). 그러나 상기 세 그룹으로 세분화된 신제품을 통해서, 초기수용
(early adaptor)소비자의 수요가 큰 제품에 우선순위를 두지만, 주류
(main stream)제품을 신속하게 출시함으로써 시장점유율을 증가시킬
수 있게 된다는 것이다.

휴대폰시장에서는 국가별 선호도 전략을 토대로 기술경영을 활용하
는 다국적기업들이 증가함을 알 수 있다. 삼성전자와 LG전자를 비롯
한 국내 무선통신기업체들은 위에서 설명한 Nokia의 시장구분(seg-
ments)과 유사한 마케팅전략을 수립해 왔다(Uzumeri and Sanderson,

---

108) 예를 들면, 비즈니스 전문가들을 지원하는 기능을 갖춘 스마트폰(Smart
 phone)으로서 Global Nomade와 동일한 서비스의 기능을 다루게 되지
 만, 다소 일정한 기간(lapse)이 지난 후에 제품을 수용한다는 점이다. 스
 마트폰은 휴대폰이지만 e메일, 인터넷통신 등 기능은 PDA와 비슷하여
 휴대폰과 개인휴대단말기(personal digital assistant: PDA)의 장점을 합
 친 것을 말한다.

1995). 그러나 초기수용자 이외에 신제품의 성장을 유도하는 제품에 대한 구체적인 EU소비자의 지리인구통계학·이질적(Geo-demographics /Hetero geneous) 연구조사도 중요하다(H2b: 제품다양성의 차이는 실용제품의 수요에 영향을 미친다). Alchian & Allen(1983)의 효과처럼 제품의 비율과 관세·운송비용에 따라서 생산지의 수요보다 비생산지의 수요가 고가품에 더 확대된다고 본다. 이와 같이 한국기업은 적절한 대중PDP광고투자와 특정계층을 위한 신상품의 기술PR로 기업 및 제품의 이미지를 높이는 브랜드자산 강화에 집중적으로 투자하면서 단가가 높은 중·고가 및 고기능제품을 중심으로 하는 후발주자로서 EU와 북미시장의 점유율을 확대해 갔다.

한국기업이 세계시장을 선도하기 위해서는 규모경제를 바탕으로 전개하면서도 국제교역의 제품차별화를 달성하는 범위경제도 활용할 수 있는 머천다이징전략을 수립할 필요가 있다. 영국의 고객은 첨단기술 제품의 초기수용자가 될 수 있으나, 루마니아는 개선된 신제품의 수용자로 수용주기의 성장기에 이르러서야 제품을 수용하게 된다고 본다(H2c: 제품선호도의 차이는 제품개발투자의 탄력성에 영향을 미친다). 다르게 표현하면 Samsung휴대전화의 브랜드자산과 Nokia와 같이 지역제품의 포트폴리오를 다양하게 구사할 수 있는 전략을 수립할 필요가 있다.

이를 근거로 H1에서의 대규모 R&D가 실제 실용화 과정에서는 신제품에 대한 캐즘과 버블을 발생시킬 수 있다. 이를 극복하기 위해서는 H2의 R&D아웃소싱(Outsourcing innovation)을 구축하거나 개발마케팅을 함으로써 각국 현지출시제품의 다양성이 Pan-EU마케팅에 긍정적인 영향을 미친다는 것을 추론해 낼 수 있으며, EU실용도과 각국

제품의 다양성·집중의 차이를 결정함으로써 소비의 캐즘과 버블을 극복하게 된다는 다음과 같은 가설2를 설정하였다.

H2(가설2): R&D아웃소싱이 유럽(Pan-EU)제품소비에 영향을 미친다.

H2a: 리서치개발마케팅은 R&D아웃소싱에 영향을 미친다.

H2b: 제품다양성의 차이는 실용제품의 수요에 영향을 미친다.

H2c: 제품선호도의 차이는 제품개발투자의 탄력성에 영향을 미친다.

Ⓑ Local R&D-marketing과 캐즘과의 상관관계

본 연구에서는 R&D의 효과에 관한 측정변수로서 high-tech 분야의 수출증가를 추가하여 R&D효과를 살펴보고자 한다. 기존 연구[109]에서는 R&D효과에 영향을 주는 요인으로는 비용, 연구원 수, 지역의 기술 정도 등이 고려되고 있다. 본 연구에서는 중·동부유럽과 이 지역의 R&D효율성 증가율을 고려하여 R&D투자여부를 평가하기 위한 다른 국가들과의 비용 증가율 차이와 인력 증가율의 차이를 비교분석하며, 높은 기술집약도가 R&D에 끼치는 영향을 증명하고자 기술집약도를 변수로 하였다. 또한 중·동부유럽에 Nokia 등 다국적기업이 R&D클러스터를 형성하고 있어 클러스터의 형성과 R&D효과를 밝혀 중·동부유럽지역의 R&D효율성이 타 지역에 비해 높다는 것을 검증

---

109) OECD, *Patents and Innovation in the International Context*, 1997: OECD는 범세계적인 규모경제에서 기술의 확산과 지속적인 혁신을 도모하기 위해서 특허제도 단일화의 확대가 필요하며, 단일화를 목표로 하는 과정에서 FDI, 무역과 국제협력연구가 증대하기 때문에 각국마다 특허제도가 상이하게 된다. 이것은 기술수용자와 end-user 서로 간에 이익이 되는 국제기술협력을 방해하고 있다고 하였다.

함으로써, 이 지역의 투자가 기술버블의 가능성을 감소시키는 결과로 첫째 가설모형이 된다.

Cox(1967)는 수명재주기(life-recycle)패턴을 가진다는 것을 발견하였고, DRAM(Dynamic Random Access Memory)에 대한 정점은 커지고 주기는 짧아지고 있는 기술수명주기(technical life cycle)를 보여줌으로써, 시장장악의 지속적인 패턴을 나타내 주었다(Urban and Star, 1991). 역시 휴대폰도 기술진화에 따른 신제품의 다양한 출시로 첨단기술의 비중이 높게 요구되는 고급고가폰110)과 혁신기술이 요하는 표준저가폰으로 구분하게 된다. 두 종류의 휴대폰은 모두 혁신개발 요소로부터 수명재주기를 이루게 된다. 그러나 캐즘을 극복하는 방안에서는 RAM이 계속적인 메모리의 용량의 크기로 시장을 확대한 경우와는 다르다. 예를 들면, RAM의 성장과 더불어 휴대폰은 크기를 줄이고, 디자인과 블루투스 신기능을 첨가해서 진화되어 발전하며 고급고가폰과 저급(표준)저가폰이 확연히 구분판매되기 때문이다. R&D투자에 있어 휴대폰 기술수명재주기를 형성하는 것이 아니라, 시장확대를 위해서는 제품개발다양성의 기술버블을 벗어나기 위해 Funk(2004)의 프로세스의 redesign이 이루어져야 한다는 것이 둘째 가설모형이 된다.

---

110) Nokia는 휴대폰판매대수로 세계 1위이지만 저가 단말기 분야는 인도·중국 업체의 추격을 받고 있어. 멀티미디어를 강화해 고가 단말기(하이엔드 휴대폰) 시장을 공략하려는 애플의 아이폰 등, 신기기 고급출시로 비중을 높이고 있다.

3.3 R&D마케팅의 캐즘 · 기술버블 추정

Alchian & Allen의 정리인 $\dfrac{\partial(\frac{x_1}{x_2})}{\partial t} > 0$이라는 수식[111]을 Hicksian의 수요함수와 연계하여 다음과 같이 구성할 수 있다.[112] R&D투자의 변화량에 따른 소비자수요1의 변화량을 구해 보면, R_{ij}는 R&D의 투자이며, q_{ijH}는 고급휴대폰에 대한 수요, q_{ijL}은 보급휴대폰에 대한 수요이다. 여기서는 i투자수혜국(생산지)과 j투자국(비생산지)의 R&D 투자에 따른 고급휴대폰과 보급휴대폰 수요량을 정리해 보면, 고가품 (H)과 저가품(L), 품질에 대한 수요 q_{ij}이다.

$$\frac{\partial(\frac{q_{ijH}}{q_{ijL}})}{\partial R_{ij}} = \frac{\partial q_{ijH}}{\partial P_{ijH}} + \frac{\partial q_{ijH}}{\partial P_{ijL}} \text{ 로 나타낼 수 있다.}$$

위의 식을 몫의 미분법[113]에 의해 다음을 얻을 수 있다.

$$\frac{\partial(\frac{q_{ijH}}{q_{ijL}})}{\partial R_{ij}} = \frac{1}{(q_{ijL})^2}\Big[q_{ijL}\big(\frac{\partial q_{ijH}}{\partial P_{ijH}} + \frac{\partial q_{ijH}}{\partial P_{ijL}}\big)$$

---

111) t는 운송비용, x_1는 수요에 대한 고급제품, x_2는 수요에 대한 저급제품, 미분 값 $(\partial(\frac{x_1}{x_2})/\partial t)$이 '0'보다 크다는 것은 기울기가 (+)이다. 즉, 기울기=y의 증가량/x의 증가량이므로, t의 변화량이 증가할수록 x_1/x_2의 변화량도 증가한다. 그러므로 운송비(t)가 커질수록 고가의 사과 수요량(판매량)이 커진다.

112) Bauman, Yoram(2001), 'Shipping the Good Apples Out: A New Perspective'.

113) 몫의 미분: $y = \dfrac{f(x)}{g(x)}\,(g(x) \neq 0)$이면, $y' = \dfrac{f'(x)g(x) - f(x)g'(x)}{g(x)^2}$

$$- q_{ijH}(\frac{\partial q_{ijL}}{\partial P_{ijH}} + \frac{\partial q_{ijL}}{\partial P_{ijL}})] \tag{3}$$

다음의 탄력성의 개념을 이용하자.

$$\varepsilon_{mn} = \frac{P_{ijn}}{q_{ijm}} \cdot \frac{\partial q_{ijm}}{\partial P_{ijn}} \text{ 일 때,} \tag{4}$$

$$\varepsilon_{HH} = \frac{P_{ijH}}{q_{ijH}} \times \frac{\partial q_{ijH}}{\partial P_{ijH}}, \quad \varepsilon_{HL} = \frac{P_{ijL}}{q_{ijH}} \times \frac{\partial q_{ijH}}{\partial P_{ijL}},$$

$$\varepsilon_{LH} = \frac{P_{ijH}}{q_{ijL}} \times \frac{\partial q_{ijL}}{\partial P_{ijH}}, \quad \varepsilon_{LL} = \frac{P_{ijL}}{q_{ijL}} \times \frac{\partial q_{ijL}}{\partial P_{ijL}} \text{ 이므로}$$

상기 식은 다음과 같이 전환된다.

$$\frac{\partial(\frac{q_{ijH}}{q_{ijL}})}{\partial R_{ij}} = \frac{1}{(q_{ijL})^2}[q_{ijL}(\frac{\varepsilon_{HH} \times q_{ijH}}{P_{ijH}} + \frac{\varepsilon_{HL} \times q_{ijH}}{P_{ijL}})$$
$$- q_{ijH}(\frac{\varepsilon_{LH} \times q_{ijL}}{P_{ijH}} + \frac{\varepsilon_{LL} \times q_{ijL}}{P_{ijL}})] \tag{5}$$

ε_{HH}는 고급폰에 대한 수요의 고가가격탄력성, ε_{LH}는 저급(보급)폰에 대한 수요의 고가가격탄력성이다.

$$= \frac{q_{ijH}}{q_{ijL}}(\frac{\varepsilon_{HH}}{P_{ijH}} + \frac{\varepsilon_{HL}}{P_{ijL}} - \frac{\varepsilon_{LH}}{P_{ijH}} - \frac{\varepsilon_{LL}}{P_{ijL}}) \tag{6}$$

저급폰 가격이 올라가면 고급폰에 대한 수요가 올라가므로($\varepsilon_{LH} > 0$), 이를 고려하면

$$(\frac{\varepsilon_{HH}}{P_{ijH}} + \frac{\varepsilon_{HL}}{P_{ijL}} - \frac{\varepsilon_{LH}}{P_{ijH}} - \frac{\varepsilon_{LL}}{P_{ijL}}) > 0 \qquad (7)$$

현지R&D투자에 따른 기술비용이 절감된다고 볼 때, 투자국 j에서의 가격이 현지투자수혜국 i의 가격보다 더 높다. 즉, $P_{jH} > P_{ijH}$, $P_{jL} > P_{ijL}$이 성립된다.

수식(7)은 $\dfrac{\partial(\frac{q_{ijH}}{q_{ijL}})}{\partial R_{ij}} > 0$로, j국의 i국에 대한 R&D투자는 상대수요에 대해 양(+)의 영향을 미친다.

또한, Samsung의 유럽에서 고품질고가(premium)전략은 위 관계수식에 의거하여 현지개발마케팅을 통해, 소비자의 수요를 창출한다고 본 수식의 정리로 검증된다.

R&D투자의 (+)양을 취하려면 제품의 고가, 저가를 구분하는 오픈소스(소프트웨어)가 i국과 j국의 가격 결정에서 중요 매체가 되어야 한다는 것을 의미할 수 있다. 휴대폰기업이 독창적인 제품의 테마별 현지사용자프로그램의 차별화를 형성하면 할수록 그 지역만의 휴대폰산업발전을 이루게 하기 때문이다.

앞으로 고급폰의 기술비용은 부가가치를 창출하는 오픈소스 기업의 참여로 점점 감소될 것이며, 시장은 오픈소스 기업의 소프트웨어 개발로 국가마다 각기 다른 사용욕구가 전개될 수 있다는 증거이기도 하다. 즉 j국의 오픈소스와 i국의 오픈소스의 다양성이 R&D투자결정에

영향을 미치게 되며 R&D투자기업들의 성장과 함께 현지 산업도 동시에 발전하게 됨을 증명한다.

또한 노키아 등을 비롯한 기타 기업들은 각 제품의 운영체계를 오픈하여 외부전문가들의 소프트웨어를 홈페이지에 게재하게 하고 있다. 이는 논자가 제시하는 i국의 문화와 j국의 문화에 맞는 적합한 오프소스(소프트웨어)를 선택 적용하여 수요를 재창출하고 i, j국들의 발전도 이루게 하게 될 것이다.

휴대기기제품을 가격에 따라 단순하게 투자국의 가격으로 구별하여 판매단계별 마케팅을 전개되는 것은 아니다. 휴대폰도 각 제품별 특성을 부여할 수 있는 R&D가 발생할 때 특성화된 차별화 전략 구사로 수익을 창출하게 된다는 것이다. Nokia의 경우도, 저가품이나 고가품이나 품질의 우수성은 둘 다에 실재하는 것을 보면 R&D투자에 따른 수요창출의 본질을 이해할 수 있다.

유럽시장에 맞게 현지연구개발마케팅(Local R&D-marketing)이 CEE가 R&D기지로 적합성 여부를 위해 〈가설1〉을 나타낸 것이 [표 7]이다. R&D효과는 일반적으로 발명의 산출(특허수)로 측정된다. 그러나 노하우(know-how)로 간직하고 있는 기술도 있으며 또한 디자인 등은 의장권의 보호로 특허에 속하지 않기 때문에 불완전할 수도 있다.[114]

$$h(\text{high-tech 수출 증가율}) = \beta_{1p}(\text{특허 증가율})$$
$$+ \chi_1 a_1(\text{R\&D투자비용 증가율})$$
$$+ \chi_2 c_1(\text{cluster 내 기업 증가율})$$
$$+ \chi_3 t(\text{time share within cluster})$$

---

114) Keith Pavitt(1990).

$$+ \sum_i \delta_{1i} D_i (\text{더미변수: CEE국 or not})$$
$$+ \zeta_1. \qquad (8)$$

$$p(\text{특허 증가율}) = \beta_1 h (\text{high-tech 수출 증가율})$$
$$+ \aleph_4 a_2 (\text{R\&D 인력 증가율})$$
$$+ \aleph_5 b_1 (\text{R\&D 기술 정도(집약도)})$$
$$+ \aleph_6 b_2 (\text{인구 백 만 명당 과학저널 수})$$
$$+ \sum_i \delta_{2i} D_i (\text{더미변수: CEE국 or not})$$
$$+ \zeta_2 \qquad (9)$$

[표 7] H1의 대규모 R&D 변수정의 I

	변수의 정의	기 호	측정기준	관련문헌/자료
Independ -ent	중·동부유럽국가: 1, 기타국가: 0	N1	더미변수D	Eurostat(2003)
	R&D투자비용 증가율	A1	D*지출	Hausman, Hall and
	R&D인력 증가율	A2	D*고용	Griliches(1984)/
	R&D기술 정도 (R&D집약도)	B1	D*집약	Thomas and McMillan, (2001)
	인구 백 만 명당 과학저널 수	B2	D*과학	
	cluster 내 기업 증가율	C1	D*기업	Eurostat, EU각국통계청·
	cluster 내 인력이동 증가율	C2	D*고용	투자청(2003)
	time share within cluster	T	D*M&A	
Depend- ent	high-tech 수출 증가율	H	IT수출	Thomas and McMillan(2001)
	특허 증가율	P	특 허	Radosevic(2004)/ 통계청·특허청 (2003)

EU소비자 시장조사를[115] 통해서 휴대폰의 소비자수요로 볼 때, 구매의사에 따라 각국의 휴대폰기능과 기타 디자인 등에 적용 시의 선호도를 알아보고, 이를 EU시장에서의 마케팅의 캐즘 극복의 대안으로 효과적인가를 실증분석하였다. Radosevic(2004)가 클러스터로 설정한 방법을 토대로 EU선진국(Finland, UK) 군과 CEE선진혁신국(Czech, Hungary) 군과의 비교를 통해서 EU하위선진국(Spain, Portugal)과 CEE하위국(Poland)으로 구분하였다. EU중상위국(France, Germany), 기타소국(Belgium, Netherlands), 중립국(Switzerland) 등 개별 13개국의 소비자특질에 대한 기대심리가 휴대폰시장에 미치는 영향을 더미변수로서 포함시켜서 Radosevic(2004)과 달리 기업별로 CEE R&D 투자 군, EU R&D투자 군, EU 기술개발마케팅 군 등을 더미변수로 기술과 마케팅을 분석할 때 IT산업의 초기시장 중요성과 캐즘 극복에 효과가 있는 것으로 나타났다. 더미 D_2는 개발마케팅이며(Samsung의 경우) 현지에 R&D센터를 구축하는 대신에, 현지리서치를 통해 유럽에 맞는 디자인과 기능의 제품을 한국에서 개발하여 유럽 주요국에 먼저 출시·판매하는 전략이 그 예이다.

제품의 다양성을 종속변수로 제시한 이유는 경쟁사들보다 제품이 10% 차이로는 효과가 나타나지 않지만, 3배 이상의 다양한 제품을 갖추거나 아니면, 제품의 1%에만 집중하여 많은 경쟁제품을 판매하면 소비자들에게 주목을 받게 되기 때문이다(Godin, 2004). [표 8]은 신제품이 초기시장에서 주류시장(main markets)으로 진입하기 위해 휴대폰의 다양성이 실제 EU고객의 실용성과 선호시점(timing)에 부합될 때 캐즘·기술버블을 방지하게 되어 EU주류시장(main markets)에서

---

115) Reader's Digest European Trusted Brands(2005, 2006).

판매된다고 〈가설2〉의 모형을 세운다. $x_1 \cdot$ D는 교호작용(Interactioneffect)을 나타내는 항이며, 회귀식의 기울기 ($\frac{\Delta Y}{\Delta X}$)가 소속시장에 따라 달라질수 있음을 표시한다.

β는 회귀계수, y는 제품다양성, x는 유럽 각국 실용성, D는 현지전략을 나타내는 더미변수로 다음과 같이 정의한다.

$$y(국가별제품개발다양성) = \beta_0 + \beta_1 x_1 유럽\ 각국\ 실용선호도)$$
$$+ \beta_2 D_1(R\&D구축국가)$$
$$+ \beta_3 x_1 \cdot D_1(R\&D구축국가$$
$$\times 국가별제품\ 실용선호도)$$
$$+ \beta_4 D_2(개발마케팅국가)$$
$$+ \beta_5 x_1 \cdot D_2(개발마케팅국가$$
$$\times 국가별제품\ 실용선호도) + \varepsilon$$

D_1 = ｛ 1: CEE를 포함한 R&D 구축한 시장에 속한 경우,

D_2 = ｛ 1: Local 연계된 개발마케팅에 속한 경우,

｛ 0: 그 외의 경우

다음과 같이 전개된다.

$$y = \beta_0 + \beta_1 x_1 + \beta_2 D_1 + \beta_3 3 x_1 \cdot D_1 + \beta_4 D_2 + \beta_5 x_1 \cdot D_2 + \varepsilon$$

$$E(y|D=0) = \beta_0 + \beta_1 x_1 \tag{10}$$

$$E(y|D=1) = \beta_0 + \beta_1 x_1 + \beta_2 (1)_1 + \beta_3 3 x_1 \cdot (1)_1 + \beta_4 (1)_2 + \beta_5 x_1 \cdot (1)_2$$

$$= \beta_0 + \beta_2 + \beta_4 + (\beta_1 + \beta_3 + \beta_5) x_1 \qquad (11)$$

[표 8] H2의 기술마케팅 변수정의 II

변수정의	기호	측정기준	관련문헌/자료
기업이 R&D를 구축한 경우 1 기업이 EU 내 개발마케팅을 한 경우 1 그 외의 경우 0 -R&D 비용감소효과: Small-scale R&D[116]	N3	Dummy = 기술마케팅 or R&D	Gupta et.al.(1987) Cassmann & Zedtwitz(2003) Wheelwright &Clark(1992)
Indepen-dent 수요자전략의 재구성[117] -현지소비커뮤니티니즈[118] (Austria, Belgium, Czech Republic, Finland, France, Germany, Hungary, Netherlands, Poland, Portugal, Spain, Switzerland, United Kingdom, etc)			Bass et al.(1994): Cieślik&Ryan(2004) : Engwall, Kling&Werr(2005) Bass,Krishnan&Jain (1994)
1. 기술마케팅의 EU소비자 실용도	J1	D1*R&D D2*시간	Colby & Parasuraman,
2. 기술마케팅의 EU소비시간 차이 수요자계층구분	J2	D1*실용 D2*R&D	(2001)/ Blomqvist, Hara,
Depen-dent EU 각국 기술혁신의 제품다양성 Nokia Motorola Samsung Sony-ericsson Siemens or Sharp LG	W1 W2 W3 W4 W5 W6	D*기업제품	Koivuniemi & Aijo(2004)/ Moore, (1999)

---

116) 대규모 투자를 통한 기술혁신보다는 마케팅적 사고의 R&D 소규모 전략.

117) Nokia Telecommunications Oy, 'wireless Data Evolution White Paper'
     in Nokia Wireless Data Library, 1998: VAS(Value Added Service)에

EU의 국가들마다 휴대폰제품의 기능·디자인 혹은 소프트웨어 등에 따라 선호하는 시간적 차이가 발생한다고 본다. 기술확산속도에는 기술수용시간이 필요하다. 예를 들면, 한 휴대폰기업이 6개월 전의 신제품이 독일에서 높은 판매율을 기록하였다고 헝가리에서도 높은 판매율을 실제로 보장하지 않았다. 개발속도와 기술확산속도에 따라 제품의 버전 차이를 보여주어야 한다. 그래서 헝가리 출시 이전에 기존 독일모델을 개선된 제품으로 출시할 경우 헝가리에서도 높은 판매율을 기록할 가능성을 보인다. 시간적 차이는 결국 선호도시간 차이로 보고 EU 전체로 측정했을 때, 각 기업마다 그 제품개발량이 차이가 다르게 나타난다. 즉, 선호도의 시간적 차이가 EU국가 간에 존재한다고 보며, 이는 기업별 제품개발의 탄력성에 영향을 미친다. 시간적 수용의 차이를 리서치하면 캐즘·기술버블을 줄일 수 있다는 가설모형을 도출하고자 한다.

휴대폰의 수평형 마케팅관점에서, 시장·고객의 수용·반응을 살펴보면 초기에 급상승하기보다는 점차 제품충족감에 따른 소비속도 차이를 갖게 한다. EU의 휴대폰시장은 국제적인 시장조사기관인 GfK(www.gfk.com, 2004)에 의하면, 현재 핀란드 소비자들이 가지고 있는 휴대폰은 스웨덴 등 인근국이나 여타 EU국가에 비해 매우 단순한 것으로 나타나고 있다. 이는 문화적인 성향의 차이를 반영한다. 본 자료의 수치를 시간에 따른 시장채택밀도로 분석하여 살펴보면 EU는 점진적인 수용(Skewed to the left)곡선의 형태를 보인다.

R&D투자 시 EU소비자의 초기수용지역의 NPD(신제품개발) 채택

따른 결과로 세분화와 Renee Mauborgne & W. Chan Kim 'Blue Ocean Strategy', 2005, P143의 비고객의 분류로 재설정함.

118) Michael J. Silverstein, Neil Fiske, 'Trading up', 2003.

시간속도를 다음과 같이 나타낼 수 있다.

$$f(t) = \frac{d(F(t))}{dt} \tag{12}$$

f(t): 시장채택밀도, t: 시간, F(t): 시간에 따른 제품판매량
(a)급진적 수용(Skewed to the right) (b)점진적 수용(Skewed to the left)[119]

이는 EU소비자가 신제품을 채택할 확률을 (b)와 같이, 소비자가 점진적으로 초기에 수용하는 지정된 시간 t 내에 신제품을 궁극적으로 채택할 가능성을 설명한다(Lilien and Rangaswamy, 2002).[120] 결과적으로 EU시장은 동질화(Homogeneous)되는 기간이 서서히 진행됨으로써, 예측되지 못한 캐즘을 극복하는 데 R&D투자가 현지에서 개발하는 시간과 적합하다고 본다.

제품개발량 = (2006년 초 주요 6개 기업의 EU 각국 출시제품량) −
(2005년 말 주요 6개 기업의 EU 각국 출시제품량)

P_{RH}는 고급제품에 대한 개발량(출시제품모델량), P_{RL}는 저급제품

---

119) Minium, Edward W., Clarke, Robert C., Coladarci, Theodore(1999), Elements of Statistical Reasoning

120) 특정시점 t까지 목표세분시장 내의 특정소비자가 혁신을 채택할 누적 확률(cumulative distribution)을 단조증가(monotonically increasing)의 연속함수인 F(t)이다. t가 커질수록 F(t)는 1에 가까워진다. f(t)는 밀도함수, F(t)는 도함수로서 시간 t에 혁신채택률의 변화속도를 나타낸다. N(t)는 주어진 시간 t 안에서 신제품을 이미 채택한 소비자의 수이고, N은 결과적으로 신제품의 채택이 가능해질 총 소비자의 수를 가리키는 파라미터이다.

에 대한 개발량, a_{ij}: 제품개발량

$$\frac{\partial(\frac{q_{ijH}}{q_{ijL}})}{\partial a_{ij}} = \frac{q_{ijH}}{q_{ijL}}[\, (\varepsilon_{HH} - \varepsilon_{LH}) \times (\frac{P_{RH}}{P_{ijH}} - \frac{P_{RL}}{P_{ijL}})]$$ (13)

연구개발투자에 따른 고급제품 군과 저급제품 군에 대한 개발다양
성의 차이에 따라서, 다음과 같이 결과를 얻을 수 있다.

$(\frac{P_{RH}}{P_{ijH}} - \frac{P_{RL}}{P_{ijL}}) > 0$이면, 저급(보급)저가휴대폰 군에 대한 수요가 증
가하게 된다.

$(\frac{P_{RH}}{P_{ijH}} - \frac{P_{RL}}{P_{ijL}}) < 0$이면, 고급고가휴대폰 군에 대한 수요가 증가하
게 된다.

이는 각 기업의 제품개발 중 각국의 고급고가휴대폰 군과 저급저
가휴대폰 군의 다양성 차이에 따라서 각국 수요량에 영향을 미친다.
$(\frac{P_{RH}}{P_{ijH}} - \frac{P_{RL}}{P_{ijL}}) > 0$이면, 즉 저급휴대폰을 더 개발하여 수요를 증가시
키거나, $(\frac{P_{RH}}{P_{ijH}} - \frac{P_{RL}}{P_{ijL}}) < 0$이면 고급휴대폰을 더 개발하여 수요를 증
가시키므로, 기술개발의 버블이 각국의 수요량 변화에 의해서 극복됨
을 추정한다.

EU의 동유럽확장이 미치는 투자의 영향 폭을 Cieślik & Ryan(2004)
이 제시한 모델로 R&D를 대입해 보면 i지역에서의 잠재성장 G_i, 위
치적인 전형적인 잠재지수 i와 j 사이의 거리적 치수 D_{ij}, j지역에서

의 R&D활동크기를 R_j로 하면,

$$G_i = \sum_{j=1}^{n} \frac{R_j}{D_{ij}} \tag{14}$$

거리적 차이에 따른 R&D의 활동의 계수를 (14)식으로, 신제품과 기업전략 측면에서 상품화의 캐즘을 극복할 수 있는 방법을 제시하고, 거리에 따른 R&D클러스터 내의 활동크기가 잠재성장을 갖는다고 본다. R&D전략적 시퀀스방안으로 본 캐즘 발생의 경로가 마케팅성과와 지리적인 격차에 접하게 하기 위해서, 기술개발수준과 미래의 혁신역량을 측정하는 변수로서 소규모 기술마케팅이 실제 EU마케팅에 영향을 주는 변수들로 각각의 측정항목들은 기술경영성과에 치중되어 나타난다.

Alchian and Allen(1983) 정리의 개념적으로 살펴보면, 제2장의 수식 (1)과 (2)처럼 다음과 같이 생산지보다 비생산지의 최고급휴대폰과 저급휴대폰의 R&D투자(R_{ij})의 변화로 다양한 모델 수의 격차가 작을수록 지역 간 고급휴대폰의 수요확대가 차이가 난다.

R&D투자R_{ij}, 생산지i, 고가품(H)과 저가품(L), 기타 제품의 가격p_{iC} 비생산지i, β는 가격에 비례한 제품투자의 탄력성, 품질에 대한 수요q_{ij},

$$\frac{\partial(q_{ijH}/q_{ijL})}{\partial R_{ij}} = \frac{q_{ijH}}{q_{ijL}}\{(\varepsilon_{HH} - \varepsilon_{LH})[\frac{(P_{jH})^{\beta}}{P_{ijH}} - \frac{(P_{jL})^{\beta}}{P_{ijL}}]\} \tag{15}$$

우수한 EU기업들은 많은 비용과 시간을 들여 원천기술만을 개발하기보다는 다양한 원천기술들을 응용한 시장성[121] 있는 제품으로 부가가치를 창출하고, 자사가 보유한 기술 이외에 나머지 기술을 적절히 아웃소싱하여 상용화한 기업들을 감안하여, 수식 (15)의 cluster나 partnership과 현지R&D-마케팅부서 간 통합체계를 통해 나타난 효과가 EU시장으로 확대되었을 때, 가격에 비례한 제품투자의 탄력성 β로 기여도가 측정되어 각각의 변수들로써 구분된다.

휴대폰 R&D 생산에 있어 한 대를 대량으로 생산할 때 비용이 현저히 절감되고 다수 모델을 대량으로 생산하는 기업은 소수의 모델을 대량으로 생산하는 기업에 비해 경쟁력이 약화된다. 그러나 경쟁지역 내에서의 휴대폰의 모델 수가 고객에 대한 상품의 차별화를 갖게 함으로써, 지역마다 최고급과 저급휴대폰의 가치(품질·기능)의 격차가 낮을수록 최고급의 수요는 급증하게 된다.

Pan-EU지역을 중심으로 확대할 때, 개발초기단계에서는 형성된 시장에 적합한 수직형 마케팅을 유지하지만, 성장이 거의 한계에 다다른 시장에서는 수평형 마케팅이 더 적합하다(Kotler and Bes, 2004). 현지R&D가 CEE시장 내에서는 수평형 마케팅전략으로 제품을 변형하거나 잠재고객을 실제고객으로 유치하는 등 시장을 개발하고 확장할 수 있다. EU의 전시장을 대상으로 할 경우, 수평형 마케팅에 의한 혁신제품은 생산하기가 어렵고, 소비자에 따라서는 친숙해지기가 쉽지 않지만, ROI(투자 대비효과)는 높게 나타난다. 그 이유는 상대적으로 보다 많은 위험이 수반된 선택으로 이루어지기 때문이다. 마케터는 수직형 마케팅시스템하에서 제품을 만들기가 신속하고 저렴하게 이용한다.

---

121) 초저가시장이 급격히 부상하는 것은 시장성 때문이다.

3.4 주요 개념(Main perception)의 조작적 정의와 측정

(1) 수요클러스터와 R&D클러스터

고품격을 특정클러스터 대상으로 클러스터의 필요에 반응한 제품으로 한정하여 판매하는 희소성은 EU 25개국 지역에 따른 특수성의 영향을 받게 된다. 한 특정국가에 한정되고 국한된 혁신제품을 첨가하여 국가클러스터별에 맞는 희소성 제품을 출시한다고 가정한다. 수요를 혁신클러스터별로 예측을 할 수 있고 지역에 따른 제품개발로 수요클러스터에 일치된 다양성을 추구할 수 있다고 본다.

EU는 서유럽과 북유럽으로부터 동유럽에 이르는 IT산업의 허브네트워크를 확대할 계획을 수립하고 있다. Radosevic(2004)의 혁신역량에 따른 R&D-클러스터로 구분한 EU국가 내 클러스터 군을 Cluster 1: RO, Cluster 2: EU8, Cluster 3: CEE9+CEE6 등으로 서유럽과 동유럽을 구분하지 않고 혁신역량 클러스터로 구분하여 비교함으로써 Pan-EU을 R&D의 효율성을 검증하였다. 이에 본 연구는 이를 수요클러스터 측면에서 구분해 보고, PLC의 수요클러스터 측면에서, 휴대폰제품의 발전과정에 따른 국가별 수요클러스터로 보았다. PLC의 클러스터화(Clustering): 1단계(Product development 혹은 innovator: 혁신자그룹) UK, Ireland(1인당국민소득)-4G(제품). 2단계(Introduction 혹은 early adaptor: 선각수용자) Denmark, Germany, France, Italy, Netherlands, Sweden, Switzerland Spain-3.5G(제품). 3단계(Growth: 전기다수단계) Portugal, Poland, Slovakia, Hungary-3G(제품). 4단계(Maturity: 후기다수) Russia-2G(제품). 5단계(Decline: 지각수용자)의 다섯 단계로 구분될 수 있다. 그러나 PLC상의 EU국가별로 2단계

의 초기수용단계의 국가와 3단계의 전기다수단계의 국가가 소비수요의
수용(선호도) 차이가 존재하게 됨을 살펴보고자 한다.

[표 9] 희소성에 따른 수요 – R&D클러스터

국가별 휴대폰 PLC			6개 기업 제품(2005)	고가 $	저가 $	전체판매 (2005) $	GDPppp (2005) $	hi – tech export
Clustered 1	1.초기수용단계국가 (early adaptor)	DE	242	531	100	31,737,800	29,800	19.1%
Clustered 2	2.전기다수단계국가 (main stream)	HU	201	442	79	2,200,000	16,100	32.1%
t – statistics								−1.237*

*$p < 0.05$.

[표 9]는 독일과 헝가리는 R&D클러스터를 형성되고 있는 지역을
보유하고 있음을 보여준다. 양국 간에 수요클러스터를 구분하게 되고,
각국의 고급품질과 저급품질(표준품질)가격 차이에 따른 제품의 다양
성으로 첨단산업제품의 수출이 증대됨을 정의할 수 있다.

제품의 다양성과 지역 · 국가의 고객실용선호도를 비교하면, 초기시장
(early adaptor)단계와 시장성장(Growth)단계 간의 캐즘(chasm)과 기
술버블(tech – bubble)을 방지할 수 있다. 매크로 측면에서 기술수용주기
곡선 상에 속한 고객들을 수용국가들로 클러스터해서 R&D – 아웃소싱
에 따른 연관효과(linkage effect)를 살펴보고자 한다. PLC상의 전기다
수단계그룹인 헝가리는 후기수용국가로서 t – test를 통해 검증해 보면,
hi – tech수출에 대한 제품의 수용시기가 가격과 대비해서 초기수용국가
인 독일에 비해 헝가리소비자의 제품채택이 느리다는 것을 알 수 있다.

Weiss(2000)는 국경 간의 사회 · 경제 · 문화 · 종교 · 정치적 격차(gap)
로 인해 클러스터화된 소비성향을 지니게 한다고 본다. 제2장의 [표

2]에서 1인당 GDP로 구매력을 평가한 측정결과처럼, Pan－EU는 서유럽과 동유럽의 경계가 아닌, 지역 희소성의 법칙과 R&D아웃소싱, 기술의 다양성, 제품의 가격 차이가 국경 간의 격차(gap)를 구분하는 클러스터국가(clustered nations)로 제시된다.

Pan－EU의 R&D와 마케팅은 신제품개발(NPD)과정에서 상호간의 중요한 역할을 한다. 두 부문 간에 복합기능(CFT: cross functional team)통합과 공동작업이 신제품개발과정에서 가장 중요한 요소라고 한다(Ruekert and Walker, 1987; Griffin and Hauser, 1996). 신제품개발과 캐즘 발생 시 R&D와 마케팅을 구분해서 각 부서 간의 의견통합에 어려움을 내포하고 있기 때문에 현지마케팅을 성공적으로 수행하기 위해서는 신제품의 출시 후 시장에서 모방제품을 차단하는 방안까지 모색하는 local 통합 R&D－마케팅을 하나의 부서로 TFT(Task Force Team)를 구상하는 리서치·개발마케팅도 바람직하다. 신제품개발을 위해서 첨단기술기업은 R&D의 연구원들이 소비자들과 직접 접촉하거나 시장정보를 수집하는 등의 마케터로서의 역할을 수행해야 한다(Godin 2004).

EU는 국가적 문화와 배경들이 사내에서 마케팅의 역할과 영향력 행사에 따라 국가적 관심사의 차이가 나타난다. 따라서 R&D－마케팅에 있어서, 내부적으로 기술을 축적하고 이를 바로 실용화하는 방안으로써 모든 마케터들은 연구개발하고, 디자인하고, 신제품을 도입하고(Godin, 2004) 신제품개발 분야에서 탁월한 성과를 내는 기업들을 가리는 데는 마케터의 연구가 중요한 토대가 된다. 과거 IT 분야의 Compaq, Motorola나 자동차 분야의 크라이슬러, 닛산 등은 모방을 위주로 한 R&D전략과 마케팅의 분산화 등의 버블이 산업선두주자(industrial leader)로 성장하지 못하게 하였다. 이를 보면 초기수용자(early adaptor)의 신제품채택이 비교적 낮아지게 된다는 것이다. IT 분야는 자동차 분야 신제품개발의 주기보다 더 짧기에 소비자와의 관계지향이 요구된다.

휴대폰시장에 다양한 제품으로 인한 시장정보의 비대칭이 발생하기 때문에 혁신적인 휴대폰과 인기제품의 모방에 대한 소비자의 식별이 구분되지 못하여, 오히려 소비자가 실용적인 모방제품을 선호하는 역선택이 발생할 수도 있다. 소비자의 역선택을 방지하지 위해서는 현지에서 R&D와 마케팅을 통합하여 마케터가 시장접근을 용이하게 하고 소비자의 선택을 유도해야 한다. 예를 들어 모방과 혁신으로 인한 EU 시장의 캐즘과 버블의 가능성으로, Bass(1994)의 모델을 통해서 살펴보면, L(t) 성장가능성, N(t) 소비자 수, p는 혁신의 계수 혹은 외적 영향(제품, 표적고객, target application), q는 모방의 계수 혹은 내적 영향을 나타낸다.

$$L(t) = p + \frac{q}{N} - N(t) \tag{16}$$

$$n(t) = p\check{N} + (q-p)N(t) - \frac{q}{N}[N(t)]^2 \tag{17}$$

역선택이 발생하여 캐즘이 커질 수 있기 때문에 후속조치인 개선된 기술개발이 필요하다고 본다. 수식 (16)에서처럼 혁신의 계수와 모방의 계수가 클수록 성장가능성이 크다. 실용성을 추구하는 모방과 새로운 문화를 통한 가치의 혁신은 서로 밀접한 상관관계를 이루고 있다 (Allenby, 1999).

수식 (17)은 q > p의 경우, 모방의 효과가 혁신의 효과보다 우월한

관계로 역U 모양의 그래프가 생긴다. 반면 q<p일 경우, 혁신의 효과
가 우월하기 때문에 제품개시 당시에 가장 높은 판매율을 보일 것이
고 그 후로는 계속 하강할 것이다. 선진제품의 모방 위에 개선된 기술
개발이 이루어져 왔으나 개발단계에서 글로벌표준화로 성장시키면 경
쟁우위를 확보하게도 된다. 이런 점에서 타사 제품이 자사 제품 모방
의 속도를 지연시킬 수 있는 방안도 모색해야 한다.122) 모방할 수 없
는 제품의 가치는 높은 판매율로 나타나며 동시에 PLC의 주기도 길
게 하여, 캐즘현상을 일소해 준다. 수식 (11)에서 언급했듯, 모방할 수
없는 혁신제품의 다양성은 소비자의 수(N)가 증가한다는 것이다. 이
로써 마케터와 소비자 간의 균열로 소비자가 실용성을 추구하여 모방
제품에 가장 익숙해져 있을 때 혁신제품에 대한 새로운 전략을 채택
하기 위해서 마케터의 기술적인 관점이 요구된다.

현재 휴대전화에서 소프트웨어프로그램의 경향을 보면, 휴대단말기
의 새 기종과 휴대용 브라우저의 버전향상에 기업들은 뚜렷한 대응을
펼치지 못하고 있다. 사용자들 휴대전화의 통신속도의 비약적인 발전
에 따라 동영상중심을 이루는 콘텐츠의 통화를 격려하고 있다. 휴대
폰 브라우저(Opera, Scope 등)의 보급도 이루어지고 있다. 문제는 고
기능의 단말기가 현제의 단말기를 사용하는 고객들도 공존하는 상황
이다. 누구나 고속화된 화상중심의 기능구성을 선택하게 하는 것은 어
렵다. 분명 사용자의 동향과 더불어 브라우저와 통신속도에 따른 어플
리케이션의 변화가 이어져야 한다.

위에서 언급한 [그림 4]와 같이 초기수용자(early adaptor)그룹은
구매(takeoff)에 참여하지만, 전기다수단계(Growth)그룹에서 기업 유

---

122) Bass, Frank M., Krishnan, Trichy V. and Jain, Dipak C.(1994), Why the
    Bass Model Fits Without Decision Variables, *Marketing Science*, 13, 3.

명brand의 가치 때문에 소비자는 기술의 차이점을 구별이 모호해져서 구매선택이 어렵게 된다. 실제로 Nokia, Siemens, Motorola, LG, Samsung, Sony-Ericsson 등의 모방경쟁제품에 큰 변화는 없다. Motorola의 경우 슬림폰이 미국에서 수요가 급증하게 되면서 이를 유럽시장전략에 도입하였다. Samsung, LG 등도 유사한 제품들로 유럽시장에서 경쟁하였다. 만약 EU고객들은 이들 기능과 모델이 비슷한 각각의 MNE제품들 사이에서, 가격과 브랜드, 기술, 고품격 중 어느 쪽 제품을 더 선호하겠는가? 지역 혹은 국가마다 시간적 선호도의 차이가 발생하겠는가?

결국은 모방할 수 없는 어플리케이션의 급변으로 고기능의 단말기와 디자인의 모방을 통한 유럽시장 공략이전에 선행되어야 할 과제이다. EU 내의 초기수용국에 위치한 다국적기업의 본사R&D와 구분된 제품제작을 위한 파생R&D와 PLC의 전기다수단계로 넘어가는 제품을 수용하는 지역국가 내의 연구개발이 어플리케이션 수용을 가져오는 수요를 창출하는 데 중요한 작용을 하게 된다.

(2) 캐즘마케팅의 수요클러스터와 R&D아웃소싱의 비용

한국기업의 IT R&D는 자본재산업 R&D투자를 증가하면서 기술을 축적하였다. 이는 IT 관련 자본재부품 수입을 통해 선진국으로부터 첨단기술을 보유하게 되었다고 할 수 있다. 그러나 계속 수입에 의존할 경우 핵심부품비용의 과다지출이 이루어져 가격경쟁력이 떨어질 수밖에 없다. 다르게 표현하면 아웃소싱(OEM)을 위해 필요 이상의 비용지출과 그 비중이 커서 부가가치 창출이 상대적으로 적었기 때문이라고 분석된다(Manchester, 2000).[123] 더 나아가 자본재수입을 통해 기술을 보유하게 될 경우 타 기업의 기술을 한발 뒤에서 쫓아갈 수밖에 없어 급변하는 IT시장에서 기술경쟁력을 갖기 어렵다.

디지털카메라의 예처럼, R&D의 비용절감은 소규모 혁신에 대한 투자로 극복해야 한다. 대규모 R&D는 소규모 혁신에 비해 연구기간과 비례해서 실용화 단계까지가 길다. 소규모 R&D투자로 기존 필름카메라에 비해 소비자수용성을 이루는 수익을 단시일에 창출하여 고객의 선택에 신속히 대응할 수 있었다(Mueller, 1999). 첨단제품은 초기시장에서 주류시장(성장기)으로 전환되는 과정에서 심각한 정체상태에 이르게 된다. 이는 5년 이후의 상품화에 전력하는 대규모 R&D와 마케팅(광고)에 투자함으로써, 그 비용은 증대되고, 상품의 판매율은 급격히 감소할 수 있다. 기존 논문들은 국가별 대규모 R&D지수에 초점을 두고 해외마케팅전략을 연구하였다. 지역소비자의 관심을 유도하는 첨단기술 확보를 위해 〈가설1〉을 설정하기 전에 1년 내의 구체화된 수요를 이끌게끔 제품화시키는 소비자 및 기업대상의 마케팅전략이 일시적인 캐즘 극복에 〈가설2〉가 더 효과적일 수도 있다.

비용을 혁신하기 위해서는 기존 제품의 생산방식을 혁신할 필요가 있다. 이는 모든 분야에서 soft innovation(소규모 R&D)적 전략으로 비용절감이 이루어져야 하며, 제품과 판매에만 국한되지 말아야 한다. 스와치그룹의 예로, 비용절감을 위해 우선적으로 단행한 것은 인건비 절감이었다. 인재를 유지하면서 비용을 절감하기 위해서 150개의 작업설계를 51개로 단순화시킨 생산방식의 혁신이 적중한 것이다. 이는 마케팅이 소비자시장뿐 아니라 기업 내부, 제품과 연관된 모든 분야에도 기술혁신의 적시성이 필요함을 의미한다. R&D의 적시성[124]과 시장

---

123) Manchester, Phil(2000). 'Outsourcing: Keeping check on a vital partnership', FT Understanding supply chain execution, *Financial Times*.

의 일시적인 난관을 극복하는 마케팅을 구상해야 한다. 다르게 표현하면 Porter(1998)가 주장한 M&A, 전략적 제휴, 아웃소싱과 같은 외부자원 활용방안도 중요하지만, 외부의 기술을 도입하고 확산시키면서 이를 기술혁신으로 이어질 수 있게 하는 자체기술개발능력(In-house technology capabilities)도 중요한 역할을 하게 된다. 삼성전자가 휴대폰에서 이 같은 성장기회를 포착할 수 있게 된 점은 자체기술개발능력의 축적이 있었기 때문이기도 하다. 본 연구에서 유럽에 현지R&D센터 구축 없는 Samsung의 경우 더미변수인 자체리서치개발마케팅을 통해서도 일정 수준까지는 제품수요를 창출함을 검증할 수 있다.

현지R&D센터에서의 기술개발과 혁신은 그 지역 내에 PR(Public Relations)효과에도 큰 영향력을 행사할 수 있다. 즉, 대규모 광고투자전략이나 이윤획득이 힘든 막대한 기술투자보다는, 지역에 필요한 제품의 기술개발로 관심을 유도하여 전 EU로의 매체를 통한 PR이 확산되게 함으로써 신제품의 마케팅비용을 상당한 정도로 절감할 수 있게 된다.

3.5 조사설계 및 자료의 수집

(1) 실증연구 분석단위의 규정

본 연구는 EU IT마케팅 진입과 확장을 위한 중·동부유럽에 대한 투자의 필요성에 초점을 맞추고 있다. 〈가설H1〉은 중·동부유럽국가

---

124) Nakamoto, Nichiyo(1994), 'Building networks', *Financial Times*, 1992; Richard Gourlay, 'From fat to lean enterprises', *Financial Times*; Cordon, Carlos(1994), 'Doing justice to justice to just in time', *Financial Times*.

의 투자장점을 비교하기 위하여 각 국가별 R&D집중도, 기술집약도, 클러스터공유 등을 비교하였다. 또한 〈가설H2〉는 유럽지역에 다양한 유형으로 투자하고 있는 다국적기업의 투자형태와 성과사례를 분석하기 위하여 IT 다국적기업 특히 모바일 폰 관련 기업인 Nokia, Sony-Ericsson, 모토로라 등을 분석단위로 선정하였다. 또한 한국기업의 중·동부유럽투자의 방향성과 중요성을 제시하기 위하여 한국기업들 특히 현지지역에 R&D센터 또는 생산기지를 건설할 수 있는 대기업인 Samsung, LG를 분석단위로 선정하였다.

(2) 표본추출과 자료의 수집

이 연구는 급변하는 IT마케팅시장에 대한 연구이므로 다음과 같은 기준으로 표본을 추출하였다. 첫째, 최근의 동향을 파악하기 위하여 1998년 이후의 자료만을 대상으로 하였다. 이를 위해 앞서 도출한 가설 1, 2를 검정하고자 한다. 〈가설1〉 국가별 R&D영향요인 비교와 R&D 효과의 비교를 위하여 OECD자료를 참고하였고, 각 국가의 성과지표 비교를 위해서 IMD자료를 참고하였다. 둘째, 실제 사례연구를 위하여 〈가설2〉 중·동부유럽에 진출해 있는 다국적기업 및 한국기업의 자료를 각국 기업체 Annal report와 해외지사 및 사이트, 유럽 각국의 소비자의식조사(Year 6 of Reader's Digest Trusted Brands)에서 수집하였다. 2005년도와 2006년 초의 출시제품들을 유럽의 13개국 대상과 6개 다국적기업 등으로 조사하였다. 또한 유럽 각국의 R&D기지와 다국적기업의 리서치마케팅센터 등을 조사하여 더미변수들(Dummy variables)로 설정하였다. 셋째, 〈가설H1〉과 〈가설H2〉 중·동부유럽에 대한 국가 자료 추출에서 EU 신규가입국 중 산업기반이 형성되어 있어 EU 가입

에 힘입어 급성장이 예상되는 헝가리, 체코, 폴란드, 슬로바키아, 슬로
베니아로 한정하였다.

통계분석을 위한 기업자료는 한국신용평가, iSuppli, Strategy Analytics,
IDC(International Data Corporation), Eurostat, Europa, Cordis, 데이터
베이스(KIS-LINE), KETI 전자정보센터, 각국 휴대폰기업 Annual report,
한국공인회계사회 등에서 자료수집하고, 산업자료는 한국산업은행이
발간하는 경영분석, 한국은행이 발간하는 기업경영분석을 참고하였다.
국가자료는 관세청, 외교통상부에서 발간하는 외국의 통상환경, Baldwin
Forslid, Haaland, Midelfart, 「EU Integration and Outsiders」를, EU 각
국 통계청, 투자청 자료를 참고하였다.

3.6 자료의 구성과 측정항목의 평가

시장세분화 전략에 있어서 표적고객의 특성화를 통한 데이터처리가
중요하다. 광범위한 표적 시나리오를 작성하여, 각 기업의 마케팅 부서
와 R&D팀을 통해서 제시된 시나리오를 통합·정리하여 검토작업을 실
시한다. 이는 〈가설2〉 제품·표적고객·표적응용 분야(target application)
등 마케팅믹스를 조절하여 캐즘마케팅을 실행하기 위해 변수들 간의
실용적인 태도가 존재하는 고객요구의 제한성을 제거하여, 새로운 형
태의 고객을 창출하는 데 역점을 둔 데이터분석을 하게 된다.

(1) 표본의 특징 및 측정항목

표본기업의 특징: R&D수출, 특허현황 등

표본국가의 특징: 유럽, 중·동부유럽, GDP, Mobile phone, MNE 휴대폰의 EU국가별 모델 수, 관세율 등

연구실증분석에서 이용되는 개념들이 추상성이 강한 개념들로서 이러한 개념을 측정하기 위하여 여러 가지 측정항목을 사용하여 측정하고, 연구가설을 검증하기에 앞서 이러한 측정항목들의 신뢰성과 타당성에 대한 검토가 먼저 이루어져야 한다. 측정항목을 선정하고 이를 정교화하기 위하여 요인분석에 의한 타당성 검토와 Cronbach's Alpha 계수를 이용한 신뢰성 분석을 시도하였다.

관련 항목들을 하나의 요인으로 묶을 수 있는지 여부로 수렴타당도를 평가하고, 다른 개념의 측정항목들과의 별도의 요인으로 분리되는가에 따라서 변별타당도를 평가할 수 있으며, 요인적재량이나 커뮤날리티(communality)값의 분석에 의하여 묶여진 요인이 3~4개의 측정항목의 변량을 어느 정도 설명하는가에 대한 판단의 지표가 될 수 있다. 이러한 과정은 측정항목의 선별과 정교화의 과정으로 요인분석에 대한 평가, 신뢰성과 타당성의 검토, 새로운 요인분석의 실시와 같은 순환적인 과정을 통하여 이루어진다. 결과분석에 사용된 〈가설2〉 변수의 측정항목은 R&D효과 측정항목과 현지화 이익측정항목이다.

(2) 타당성 분석과 통계적 분석방법

타당성의 경우 여러 가지 타당성의 개념이 존재하고 이에 대한 측정도 다양하게 이루어진다. 타당성의 의미는 측정하고자 하는 구성개념을 제대로 측정하였는가에 대한 검토이며, 탐색적 요인분석을 통하여 변별타당도와 수렴타당도를 측정하고 이는 앞에서 제시한 내용에

서 확인되고 있다.

중·동부유럽의 R&D효율성 모델로 위해서 대수식으로 정리하면 선택측정변수들의 λ_x 값들이 각 항목의 계수 값에 있는 $\alpha = 0.05$ 수준에서 유의 계수와 Φ 계수의 수치는 표준오차 이하의 모형에서 동일하게 적용하였다.

① 현지R&D효과 영향요인 변수의 타당성 분석

R&D투자와 관련된 경쟁모형은 대표적인 마케팅속성에 해당한 환경 불확실성과 동태성을 반영한 일반모형으로 전개하였다. 성공률의 불확실성 조건하에 마케팅이 R&D투자행위에 미치는 효과를 분석하였다. high-tech 부문 수출 증가율, 특허 증가율 등을 종속변수로 한 경우 유의적인 차이가 있었다.

② 현지R&D아웃소싱의 영향요인 변수의 타당성 분석

현지화에 따른 변수들 간의 성과 차이를 다중회귀분석에 앞서 다중비교분석과 경로분석, Box-plot를 실시하였다. Box-plot은 각 국별 휴대폰의 출시 분포도를 나타내어 제품의 다양성으로 각 국별 R&D투자개발이 얼마나 이루어졌는지를 쉽게 이해하기 위해 사용하였다. Alchian & Allen의 정리를 R&D투자로 보고 수식으로 풀이하였다. 이를 근거로 회귀분석과 윌콕슨 부호 순위 합으로 변수들이 중·동부유럽지역에서 EU시장과의 혁신클러스터가 형성되어 있어 틈새시장 진입률을 높일 수 있음도 증명되었다. 또한 유통망 확보와 FDI에 대한 현지지역의 강한 수요와 현지화 R&D마케팅효과가 긍정적 평가로 결국 대EU시장 마케팅성과 향상을 가져올 수 있음이 증명되었다.

③ 통계학적 분석방법

본 연구에서 제시된 가설검증을 위한 통계분석방법으로는 상관관계 분석과 회귀분석을 이용하였다. 상관관계분석은 몇 가지 한계를 가지고 있다. 첫째, 상관계수가 유의한 경우에도 인과관계에 대한 분석을 하기 어렵다. 둘째, 다항목으로 측정된 구성개념을 단일 값으로 변환하여야 하므로 정보의 손실이 발생한다. 셋째, 인과연결관계에서 존재할 수 있는 제3의 변수를 고려하지 못하는 한계가 존재하기 때문에 명확한 상호영향관계에 대한 분석이 어렵다는 것이다. 그럼에도 불구하고 상관관계분석은 상호영향관계분석의 탐색적인 의미나 가설검증을 위한 최소한의 기준을 제시할 수 있기 때문에 상관관계분석을 통하여 각 구성개념 간의 관계에 관한 일차적인 확인을 시도하였다. H1의 상관관계분석이 가지는 한계를 극복하기 위하여 Lisrel 구조분석을 시행하였다. 그러나 독립변수 상호간에 영향을 미쳐서 측정값이 과장될 수 있기 때문에 multi-collinearity(다중공중선)분석을 할 필요가 있다. 즉, 다중회귀분석(Regressive)에 의한 검증으로, 초기시장과 주류시장의 전기 다수 두 집단(R&D와 마케팅전략)의 차이변수와 기술수요속도가 얼마나 유의한 상관관계를 갖는가를 판별하기 위하여 측정가능성을 제외한 모든 기술수용자 속성변수와 마케팅방식에 따른 변수를 독립변수로 보고, 이에 따른 R&D마케팅의 수용속도에 따른 효용성을 종속변수로 회귀분석을 통해 검증할 수 있다. 유의한 변수들만을 판별하기 위하여 2차 level에 개념의 다중회귀분석이 가능하다.

3.7 실증분석결과

(1) 상관관계분석의 가설1 검증

① [H1] CEE의 R&D클러스터 검증

CEE의 R&D효율성과 변수들과의 관계를 알아보기 위하여, 두 변수가 확률변수라는 전제하에서 직선적인 관련성을 살펴보는 상관관계분석을 실시하였다. SPSS를 이용하여 상관관계분석결과를 제시하면 아래의 [표 10]과 같다.

$$
\begin{aligned}
h(\text{high-tech 수출 승가율}) = {} & \beta_{1P}(\text{특허 증가율}) \\
& + \gamma_1 a_1 (\text{R\&D투자비용 증가율}) \\
& + \gamma_2 c_1 (\text{cluster 내 기업 증가율}) \\
& + \gamma_3 t (\text{time share within cluster}) \\
& + \sum_i \delta_{1i} D_i (\text{더미변수: CEE국 or not}) + \zeta_1.
\end{aligned}
$$

$$
\begin{aligned}
p(\text{특허 증가율}) = {} & \beta_1 h(\text{high-tech 수출 증가율}) \\
& + \gamma_4 a_2 (\text{R\&D 인력 증가율}) \\
& + \gamma_5 b_1 (\text{R\&D 기술 정도(집약도)}) \\
& + \gamma_6 b_2 (\text{인구 백 만 명당 과학저널 수}) \\
& + \sum_i \delta_{2i} D_i (\text{더미변수: CEE국 or not}) + \zeta_2
\end{aligned}
$$

[표 10] 연구가설1에 대한 상관관계분석

		H	P	N1A1	N1A2	N1B1	N1B2	N1C1	N1C2	N1T
H	Pearson Correlation	1	-.238	.337	.604*	.821**	.458	.213	.818**	.462
	Sig. (2-tailed)		.412	.238	.022	.000	.100	.465	.000	.096
	N	14	14	14	14	14	14	14	14	14
P	Pearson Correlation	-.238	1	.455	.432	.181	.230	.695**	.011	.610*
	Sig. (2-tailed)	.412		.102	.123	.536	.429	.006	.970	.020
	N	14	14	14	14	14	14	14	14	14
N1A1	Pearson Correlation	.337	.455	1	.598*	.590*	.877**	.899**	.717**	.900**
	Sig. (2-tailed)	.238	.102		.024	.026	.000	.000	.004	.000
	N	14	14	14	14	14	14	14	14	14
N1A2	Pearson Correlation	.604*	.432	.598*	1	.932**	.575*	.769**	.639*	.725**
	Sig. (2-tailed)	.022	.123	.024		.000	.031	.001	.014	.003
	N	14	14	14	14	14	14	14	14	14
N1B1	Pearson Correlation	.821**	.181	.590*	.932**	1	.684**	.653*	.798**	.695**
	Sig. (2-tailed)	.000	.536	.026	.000		.007	.011	.001	.006
	N	14	14	14	14	14	14	14	14	14
N1B2	Pearson Correlation	.458	.230	.877**	.575*	.684**	1	.791**	.770**	.765**
	Sig. (2-tailed)	.100	.429	.000	.031	.007		.001	.001	.001
	N	14	14	14	14	14	14	14	14	14
N1C1	Pearson Correlation	.213	.695**	.899**	.769**	.653*	.791**	1	.591*	.898**
	Sig. (2-tailed)	.465	.006	.000	.001	.011	.001		.026	.000
	N	14	14	14	14	14	14	14	14	14
N1C2	Pearson Correlation	.818**	.011	.717**	.639*	.798**	.770**	.591*	1	.779**
	Sig. (2-tailed)	.000	.970	.004	.014	.001	.001	.026		.001
	N	14	14	14	14	14	14	14	14	14
N1T	Pearson Correlation	.462	.610*	.900**	.725**	.695**	.765**	.898**	.779**	1
	Sig. (2-tailed)	.096	.020	.000	.003	.006	.001	.000	.001	
	N	14	14	14	14	14	14	14	14	14

* Correlation is significant at the 0.05 level (2-tailed). ** Correlation is significant at the 0.01 level (2-tailed).

h: high-tech 수출 증가율. p: 특허 증가율. n1a1(더미변수CEE국 or not × R&D투자비용 증가율), n1a2(더미변수CEE국 or not × R&D 인력 증가율). n1b1(더미변수CEE국 or not × R&D 기술 정도), n1b2(더미변수CEE국 or not × 인구 백 만 명당 과학자널 수). n1c1(더미변수CEE국 or not × cluster 내 기업 증가율). n1c2(더미변수CEE국 or not × cluster 내 인력수 증가율). n1t(더미변수CEE국 or not × time share within cluster)

상관관계분석의 결과가 기준 타당성을 만족한다고 봄으로 [표 10]에서 각 요인들이 p<.01 수준에서 상관관계를 나타낸다. CEE의 변수에 따른 high-tech 수출 증가율의 변수는 R&D기술 정도(intensity), R&D인력 증가율, cluster 내 인력이동 증가율 등은 높은 상관관계를 보이며, CEE에 따른 특허 증가율변수는 cluster 내 기업 증가율, cluster 내 교류 등 상관관계를 나타내므로, 앞의 제시된 이론적 연구주제에 부합된다고 시사한다.

(2) 연구모형에 대한 가설검증

① CEE의 R&D아웃소싱의 구조모델

구조모형의 경우 연구모형의 적합도 평가는 일반적으로 예비적 적합도 평가, 전반적 적합도 평가, 그리고 연구모형의 모수(parameter)에 의한 적합성 평가순서로 단계적으로 분석된다. 각 평가단계별로 전반적인 적합도는 x^2 값과 이에 대한 p 값과 그리고 GFI(Goodness of Fit Index), AGFI(Adjusted Goodness of Fit Index)가 일반적 지표로 사용되고 있다.

모형의 전반적인 적합도가 평가되면 구성개념을 측정하는 변수들의 개발신뢰도와 종합신뢰도의 수준과 통계적으로 유의한 모수의 존재 그리고 2 이하의 표준화된 잔차(normalized residuals), 그리고 3.84 이하의 수정지수(modification index) 등을 중심으로 모형의 적합성과 연구가설검증이 이루어졌다. [그림 6] 대규모 R&D 변수의 경우, 단순한 서유럽과 동유럽으로 구분하지 않고, 서·동·북유럽 간의 혁신클러스터 국가별 R&D확산(diffusion)을 통한 기술버블을 제거하는 효과적인 분석을 위하여 AMOS 5를 이용하여 선형구조모형(Lisrel: Linear Structural Relations)을 분석하였다.

[그림 6] H1의 대규모 R&D의 LISREL 분석

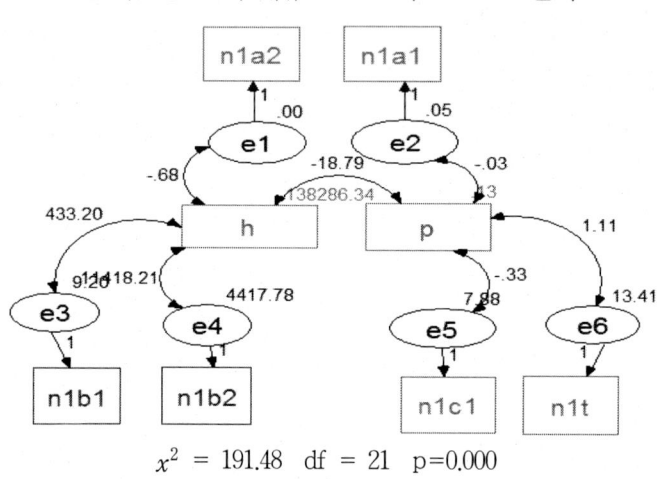

$$x^2 = 191.48 \quad df = 21 \quad p=0.000$$

본 Lisrel모형은 클러스터요인과 혁신요인인 R&D을 대표하는 두 hi-tech 수출 증가율과 특허 증가율의 외생적 잠재변수 p, h가 서로 영향을 미치는 동시에 Dummy변수인(CEE국 or not)에 영향을 미칠 것으로 판단되는 R&D투자비용, R&D인력 증가율, R&D기술 정도, 과학저널 수, 클러스터 내 기업 증가율, 클러스터 내의 교류 등에 정(正)의 효과를 나타내고 있다.

이 모델은 R&D효율성의 지표로는 high-tech 기술, 수출 증가율보다 특허 증가율이 더 유의한 결과가 나왔으므로 특허 증가율을 사용하였다. R&D비용 증가율과 고용 증가율이 높을수록 R&D클러스터가 높아 R&D효율성이 높은 것으로 나타났으며 기술도가 높을수록 R&D

아웃소싱으로 혁신역량이 높은 것으로 나타났다. 또한 클러스터 내 기업 증가율과 인력이동성이 많을수록 클러스터의 기술공유도가 높은 것으로 나타났다. 중·동부유럽의 경우, R&D클러스터의 기술도가 높고 클러스터공유도가 높아 R&D효율성이 높음이 증명되었다.

가설1의 검증

연구가설	상관관계 분석결과	Lisrel 결과
H1 CEE의 R&D클러스터 → high-tech개발 증대	+	채 택
H1a 기술의 R&D투자 → 기술특허 증가율	+	채 택
H1b 기술집약도의 투자 → 기술도입	+	채 택
H1c R&D의 파트너십 → 클러스터 내의 특허율	+	채 택

소비의 클러스터규모는 한 국가 내의 지역R&D투자가 EU국가 간 투자보다 크다. 각국의 판매되는 개별기업제품의 개수는 그 나라의 소비자의 취향[125]과 어떤 상관관계가 있는가, 그리고 CEE을 포함해서 R&D를 구축했을 시, 다양한 제품 중 시장에 맞는 개발에 집중된 마케팅으로 각국 소비자의 만족을 얻었는지를 앞의 수식 (2)와 (3)의 회귀분석을 통해 알아보았다.

H2-EU 13개국 클러스터 내에서 2005~2006년의 상위 6개 (MNE) 기업이 출시한 제품모델 수의 차이를 다중비교로 검증하면, 신제품개발 출시주기의 국가마다 제품에 격차가 있음이 검증된다.

---

[125] For 2005 the geographic scope of the study took in 14 European countries, including Central and Eastern Europe.

t통계량의 검정과 $\mu_1 - \mu_2$에 대한 신뢰구간의 추정량

$$t = \frac{(\overline{x}_1 - \overline{x}_2) - (\mu_1 - \mu_2)}{\sqrt{s^2_p \cdot (\frac{1}{n_1} + \frac{1}{n_2})}} \cdot \cdot$$

$$LSD = t_{a/2} \sqrt{MSE(\frac{1}{n_1} + \frac{1}{n_2})} \tag{7}$$

모평균들의 각 쌍 간에 차이가 존재하는지를 결정하기 위해서 두 표본평균들 간 차이의 절댓값과 LSD을 비교하는 것이다. $|x_1 - x_2| > LSD$ 이면, μ_1와 μ_2가 다르다고 결론짓는다. 최소유의차(LSD: Least Sig- nification Different)로 표본평균 간의 차이의 절댓값과 LSD를 비교한 것이다.

$$q = \frac{\overline{x}_{max} - \overline{x}_{mim}}{s/\sqrt{n}} \cdot \cdot \tag{8}$$

x_{max}와 x_{min} 각각 최대평균값과 최소평균값, q는 스튜던트화 범위 (studentized range)

각 MNEs의 제품다양성을 통한 다중비교와 BoxPlot으로 측정하면 현격한 차이가 있음을 제시한다. 피셔의 LSD검정(다중비교)으로 검정 한 경우, R&D로 다양한 모델을 창출하는데, 혁신클러스터국가 안에 서 다른 국가위치의 R&D가 다른 평균제품산출량을 가지는지를 결정 하기 위함이다.

[표 11] H2의 Multiple Comparisons

(1) 2005~2006의 증가량			LSD	Omega
Treatment	Treatment	Difference	Alpha=0.05	Alpha=0.05
Nokia	Motorola	2.461538	6.7570712	9.8269568
	Samsung	−5.46154	6.7570712	9.8269568
	Siemens	−3	6.7570712	9.8269568
	SonyErricson	−1.61538	6.7570712	9.8269568
	LG	2.153846	6.7570712	9.8269568
Motorola	Samsung	−7.92308	6.7570712	9.8269568
	Siemens	−5.46154	6.7570712	9.8269568
	SonyErricson	−4.07692	6.7570712	9.8269568
	LG	−0.30769	6.7570712	9.8269568
Samsung	Siemens	2.461538	6.7570712	9.8269568
	SonyErricson	3.846154	6.7570712	9.8269568
	LG	7.615385	6.7570712	9.8269568
Siemens	SonyErricson	1.384615	6.7570712	9.8269568
	LG	5.153846	6.7570712	9.8269568
SonyErricson	LG	3.769231	6.7570712	9.8269568
(2) 2006의 출시제품			LSD	Omega
Treatment	Treatment	Difference	Alpha=0.05	Alpha=0.05
Samsung	Motorola	8.692308	9.26385065	13.4726211
	Siemens	−13.8462	9.26385065	13.4726211
	SonyEricsson	−5.15385	9.26385065	13.4726211
	Nokia	−58.0769	9.26385065	13.4726211
	LG	19.46154	9.26385065	13.4726211
Motorola	Siemens	−22.5385	9.26385065	13.4726211
	SonyEricsson	−13.8462	9.26385065	13.4726211
	Nokia	−66.7692	9.26385065	13.4726211
	LG	10.76923	9.26385065	13.4726211
Siemens	SonyEricsson	8.692308	9.26385065	13.4726211
	Nokia	−44.2308	9.26385065	13.4726211
	LG	33.30769	9.26385065	13.4726211
SonyEricsson	Nokia	−52.9231	9.26385065	13.4726211
	LG	24.61538	9.26385065	13.4726211
Nokia	LG	77.53846	9.26385065	13.4726211

Alchian and Allen(1983) 정리의 이론을 토대로 해서 다중비교로 볼 때, [표 11]은 유럽 13개국에서 다국적기업들 간의 '(1) 2005~2006년의 제품출시증가량 차이의 절댓값표'가 LSD보다 큰 쌍이 최소유의차의 검정을 갖는다. 즉, Motorola와Samsung, Samsung과 LG만이 LSD보다 커서 차이가 있고 다른 어떤 쌍도 차이가 없다는 점이 발견된다. 이것은 Samsung의 제품개발투자 증가량이 Motorola와 LG보다 커서 제품소비자선택의 폭이 넓어지고 수요가 증가한다는 것이다. 반면에, '(2) 2006년 출시제품 차이의 절댓값표'로 보면, Samsung과 Motorola는 LSD[126]의 검정 차이가 없다는 증거가 존재하지만, Samsung과 Nokia, LG와 Nokia는 각 쌍이 LSD보다 큰 차이점을 갖는다. Nokia가 큰 차이를 보이는 것은 다양한 개발로 폭넓은 제품 군을 형성하고 있고, Samsung과 그 외의 기업에 비해 유럽소비시장에 수요의 저변확대를 위한 개발투자가 이루어졌다는 증거이다. 이는 Nokia에 비해서는 Samsung의 제품개발출시가 고가휴대폰의 제품믹스에만 한정되어 있다는 것을 시사해 준다. 즉, 소비자와의 단절이 발생할 수 있는 기술버블이 된다는 것이다.

MNE의 제품다양성의 차이가 휴대폰의 IT제품에서도 R&D를 통한 유럽에서의 고품격고가 출시가 실제 현지시장수준에서 고가소비클러스터를 비교해 보면 다르게 형성하게 됨을 의미한다. 만약 저가분포대 중에서 인도시장의 경우, 유럽시장과 차이가 큰 저가시장이지만 고품격을 공급하는 저가상위가격대를 제시해야 한다. 이는 제품다양성 속에 소폭의 가격변동으로 저변확대도 동시에 형성해 주기 때문이다. MNEs는 더 높은 제품의 모델 수를 개발하고 있으며 어느 국가위치의 R&D가 더 낮은 모델량을 가지는지를 결정할 수 있다. BoxPlot은

---

126) 본페르니 조정하의 터키와 피셔의 LSD 검정.

MNEs의 현지국가에 맞는 모델개발의 차별화를 수요클러스터에 일치
시키는지를 알 수 있다.

[표 12] MNEs Box-plot 분석

Samsung	Motorola	Siemens	SonyEricsson	Nokia	LG
Smallest=0	Smallest=16	Smallest=29	Smallest=33	Smallest=60	Smallest=0
Q1=26	Q1=19	Q1=36.5	Q1=37	Q1=77	Q1=4.5
Median=36	Median=27	Median=50	Median=39	Median=96	Median=12
Q3=40.5	Q3=30.5	Q3=53.5	Q3=41	Q3=107.5	Q3=23
Largest=56	Largest=34	Largest=77	Largest=42	Largest=114	Largest=41
IQR=14.5	IQR=11.5	IQR=17	IQR=4	IQR=30.5	IQR=18.5
Outliers: 0,	Outliers:	Outliers:	Outliers:	Outliers:	Outliers:

Samsung

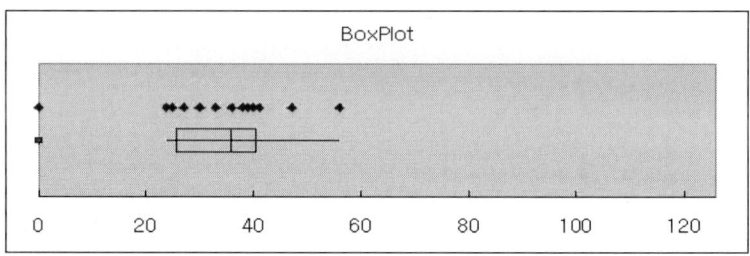

Motorola

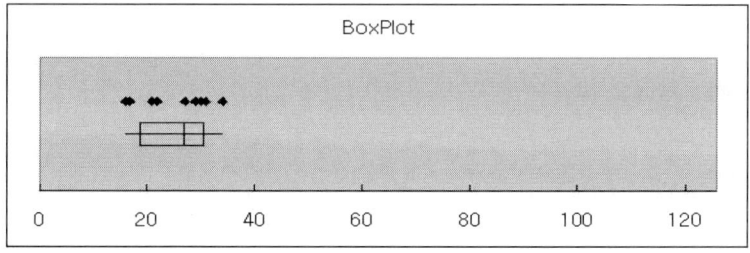

Siemens

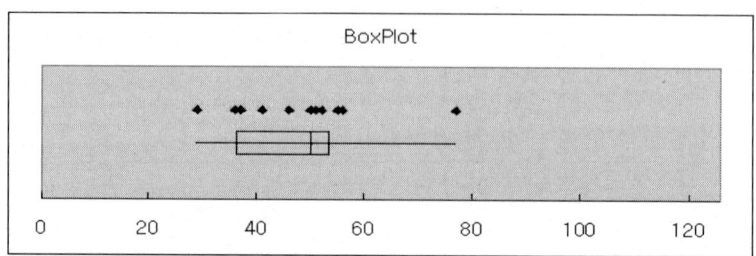

SonyEricsson

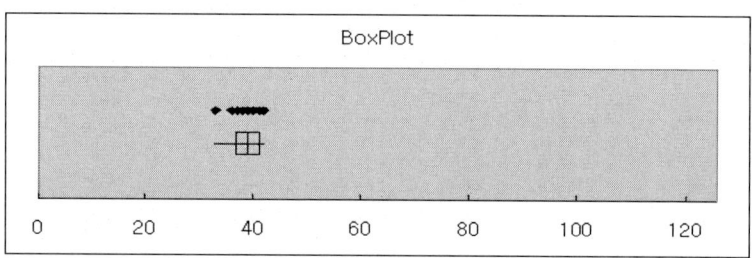

Nokia

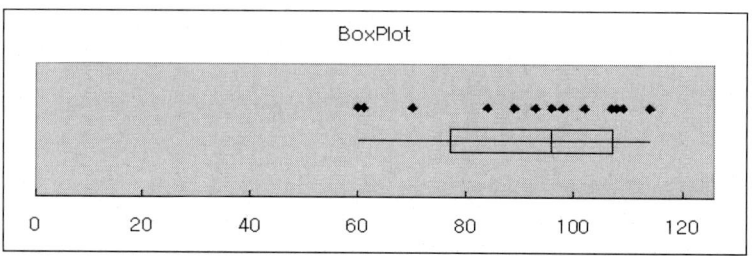

LG

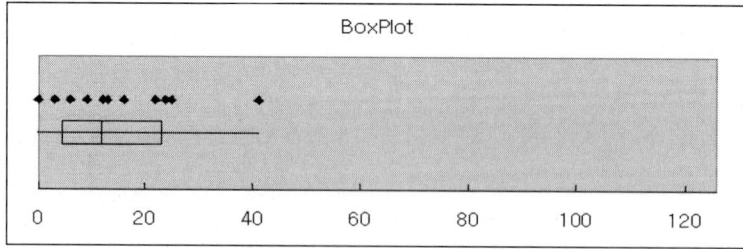

I. H2에서 제시된 R&D의 구축 또는 Outsourcing innovation이 EU 소비자 실용도과 각국 제품의 다양성 · 모델을 결정하는 요인에 대한 Nokia/Samsung/Motorola/Ericsson/Siemens/LG의 회귀분석

[표 13] H2의 R&D 회귀분석

Regression Statistics	Nokia	Samsung	Motorola	Sony-Ericsson	Siemens	LG
R^2	0.764	0.749	0.775	0.921	0.738	0.791
Adjusted R^2	0.596	0.499	0.615	0.864	0.551	0.562
Std.error	7.602	6.984	3.542	2.360	7.185	4.948
Observations	13	13	13	13	13	13

		Coefficients	Standard Error	t Stat	P-value
Nokia	제품다양성	-37.916	45.904	-0.825	0.436
	각국실용선호도	181.25	67.196	2.697	0.030
	R&D아웃소싱	70.974	61.035	1.162	0.282
	개발마케팅	249.166	57.161	4.358	0.003
	D_2교호작용	-372.044	84.821	-4.386	0.003
	D_1교호작용	-100.337	90.070	-1.113	0.302
Samsung	제품다양성	228.284	55.498	4.113	0.003
	각국실용선호도	-323.837	84.210	-3.845	0.004*
	R&D아웃소싱	0.074	8.452	0.008	0.993
	개발마케팅	-198.768	60.726	-3.273	0.011
	D_2교호작용	320.427	92.166	3.476	0.008
	D_1교호작용	-	-	-	-
Motorola	제품다양성	31.468	13.253	2.374	0.049
	각국실용서호도	-21.033	20.489	-1.026	0.338
	R&D아웃소싱	-56.495	29.331	-1.926	0.095
	개발마케팅	57.466	20.425	2.813	0.026
	D_2교호작용	-75.915	29.466	-2.576	0.036
	D_1교호작용	96.574	45.759	2.110	0.072

		Coefficients	Standard Error	t Stat	P-value
Sony-Ericsson	제품다양성	1031.231	253.588	4.066	0.004
	각국실용선호도	-1608.58	413.496	-3.890	0.005
	R&D아웃소싱	-995.419	259.659	-3.833	0.006
	개발마케팅	-1031.73	255.234	-4.042	0.004
	D_2교호작용	1654.506	415.726	3.979	0.005
	D_1교호작용	1602.326	421.321	3.803	0.006
Siemens	제품다양성	13.551	33.698	0.402	0.699
	각국실용선호도	30.737	51.228	0.600	0.567
	R&D아웃소싱	-151.144	55.704	-2.713	0.030
	개발마케팅	157.536	48.268	3.263	0.013
	D_2교호작용	-239.282	71.998	-3.323	0.012
	D_1교호작용	230.004	81.243	2.831	0.025
LG	제품다양성	-50.971	30.703	-1.660	0.135
	각국실용선호도	78.907	42.952	1.837	0.103
	R&D아웃소싱	23.262	6.009	3.870	0.004
	개발마케팅	62.501	38.674	1.616	0.144
	D_2교호작용	-80.297	56.050	-1.432	0.189
	D_1교호작용	-	-	-	-

*Significant at the 5%

　　다국적기업들은 소비자가 실용선호도에 대한 유의한 P 값을 보이고 있다. 이는 각 기업의 각국에서 제품의 다양성에 적용하였을 시, 기존 R&D센터와 마케팅을 통합·병행하여 CEE에 재투자하거나 신축하게 되면, 소비자 실용도의 기울기($\frac{\Delta Y}{\Delta X}$)가 R&D와 연계된 개발마케팅에 따라 다르다는 것이다. 즉, 제품의 다양성과 각국에 집중도가 전 EU 소비자에 미치는 영향의 정도가 변수인 통합된 R&D와 기술마케팅에 따라 달라질 수 있다는 의미라고 해석할 수 있다. Samsung은 영국에, LG는 프랑스에만 R&D투자를 하고 있어 교호작용이 이루어질 수 없으나, 연계된 기술마케팅을 전반적인 국가에서 실행하고 있으므로, 각국 소비자실용성의 집중도에 유의한 P 값을 나타냈다.

EU시장의 캐즘과 기술버블의 가능성을 극복한 결과 추정치로 볼 때, Motorola는 R&D투자 및 생산기지가 독일, 프랑스, 영국 등 주요 선진국에서 이루어져서, 기술마케팅이 각국 제품다양성에 따른 개발과 상충됨을 보인다. Sony-Ericsson은 Ericsson이 헝가리에 Labs를 동시에 핀란드와 독일에 각각 설비되어 있고 연계된 개발마케팅도 다양하여 소속시장의 R&D와 동시에 기타국의 연계된 개발마케팅이 영향을 끼친다는 결론을 내릴 수 있다.

실증적 결과의 토대로 볼 때, 한국의 휴대폰기업은 단지 High-end(고가 위주)로나, Mid·Low-end(중저가 위주)의 전략이 일시적인 점유율 혹은 제한된 점유율을 신속히 확보할 수는 있으나, 시장점유율의 확대 측면에서는 광범위 가격분포-저변확대(lower strata)에 따른 개별 R&D전략이 수반되어야 하며, 이는 주류시장 및 기업의 선두주자로 성장함으로써 캐즘을 극복할 수 있게 한다는 것이 증명되었다.

이는 R&D전략 시 캐즘과 버블위험을 극복함에 있어 소비의 실용선호도에 따라서 Pan-EU국가중심의 기존 실증연구의 한계점을 논의하였다. 기존의 연구는 기술적 산업 측면에서만 혹은 지역적 측면에서, CEE을 EU와 비교분석하였다. 개별 산업이 지니는 특성을 고려하여 분석하기엔 포괄적인 국가 간의 분석이 주류를 이룬다. FDI가 시장 및 자원중심(resource markets) 측면에서만 연구가 이루어지고 있다. R&D 측면에서도 양 국가 간의 기술이전에 따른 차이점을 설명하였으나, 한 산업이 확장된 EU의 전반에 미치는 영향 혹은 부문 간의 R&D가 EU시장을 조명하기엔 미흡하다고 본다.

가설2의 검증

연구가설		다중비교	회귀분석
H2	R&D아웃소싱 → Pan-EU제품수요	+	0.049
H2a	제품다양성의 차이 → 실용제품의 수요클러스터	+	0.030
H2b	개발마케팅 → 제품다양성의 차이	+	0.003

[표 14] 윌콕슨 부호 순위 합 검정

Wilcoxon Signed Rank Sum Test						
	Samsung	LG	Nokia	Motorola	Sony-Ericsson	Siemens
Difference	2005-2006	2005-2006	2005-2006	2005-2006	2005-2006	2005-2006
T+	10	10	20.5	7	11	7
T-	81	56	70.5	71	80	84
Observations(for test)	11	13	13	12	13	13
z-Stat	-2.481	-2.045	-1.747	-2.51	-2.411	-2.691
P(Z<=z) one-tail	0.0204	0.0066	0.0403	0.006	0.008	0.0036
z Critical one-tail	1.6449	1.6449	1.6449	1.6449	1.6449	1.6449
P(Z<=z) two-tail	0.0408	0.0132	0.0806	0.012	0.016	0.0072
z Critical two-tail	1.96	1.96	1.96	1.96	1.96	1.96

윌콕슨 부호 순위 합으로 분석하면, 국내기업의 T+와 T-표본 분포의 차이를 나타낸다. 2006년의 제품이 2005년에 비해 EU국가(CEE 포함) 간의 시간적 선호도효과 차이가 충분히 검증된다. 두 구간데이터(2005, 2006)의 모델 간 변화의 비교를 통해 EU에서 R&D를 아웃소싱하지 않는데도 아웃소싱을 하는 기업과 차이를 살펴보았다.

가설2c의 검증

	연구가설	윌콕슨 부호	결 과
H2c	제품선호도 차이→제품개발탄력성	+	채 택

Ⅱ. H1에 의해 제시된, 기존 R&D투자와 마케팅을 통합·병행에 관계없이, 캐즘 혹은 미니버블의 위험 정도는 EU최첨단(혁신)고급제품과 저급기능제품 사이의 다양성의 격차에 따라 한 국가 내의 지역 R&D투자위험이 EU국가 간보다 크다. 결국은 국가 간 기술버블은 현지에서 최상 NPD 수보다 저급 NPD 수의 격차가 클 때 최고급 NPD의 수요감소로 발생된다.

EU확장으로 GDP의 1인당국민소득/인프라에 의해 소비cluster로 구분함과 동시에, Alchian and Allen(1983)의 정의와 Skousen(1990)의 언급으로 휴대폰 NPD의 수요를 보면, 시간적 차이의 선호에 따라 최고급 NPD가 독일/한국에서 현시점에 구매자수요가 증대되지만, 헝가리의 경우는 현재의 소비보다는 미래의 수요가 증대되는 것이다. 반면에 기술(R&D)의 차이 선호는 그 역으로서 미래의 수요를 갖는 헝가리 수요자는 나중에 구매할 것을 반영하여 현재보다 나은 신기술을 더 선호하게 되고, 독일구매자는 구매 이후 재구매 시까지 현시점의 기술을 만족하게 나타난다. 그래서 헝가리와 독일 간의 NPD의 선호도가 최신 고기능으로 지속적으로 이동하게 된다. R&D의 발전단계는 지역 간의 시간선호와 품질다양성의 격차로부터 파생되는 균형점을 일치시키면 캐즘과 버블을 극복할 수 있다.

② CEE의 EU시장 효율성과 확대효과

CEE지역이 EU시장과의 거리근접성이 커서 혁신클러스터 때문에 EU시장 마케팅성과의 향상을 가져올 수 있는 지역임이 증명되었으며, 수용속도의 차이에 따른 제품다양성이 틈새시장 진입률을 높일 수 있음도 증명되었다. 또한 유통망 확보와 FDI 유치지역에 대한 현지화된 통합 R&D마케팅효과가 캐즘 극복에 긍정적인 영향을 끼쳐 결국 대 EU시장 마케팅성과 향상을 가져올 수 있음이 증명되었다.

EU 확대로 CEE가 EU에 편입됨에 따라 EU의 수요자가 확대되며 국가별 수요자로 볼 때 IT 관련 수요자의 시간적 선호도의 차이가 예상되었다. 본 연구결과 EU-25국을 전 대상으로 문화적 · 사회적 · 경제적 측면에서 개별분류와 총체적으로 조사 · 분류함에 한계성을 갖고 있기에, 기타 관련 산업의 기술개발속도와 연계되며 휴대폰 한 산업만의 성장으로 보기 어렵다. 논지는 PLC상의 국가 간 수요클러스터와 R&D의 아웃소싱으로 혁신역량별 파생연구개발과 현지기술개발효과 측면만을 제품의 다양성으로 비교, 실증분석하였다.

제 4 장

결   론

유럽은 숨겨진 시장이다. 개방과 통합이라는 시장의 큰 흐름으로 흘러가고 있다. 그 일선에 있는 휴대폰기업들은 제일 민첩하게 대응하며, 급변하는 시장에서의 생존전략을 추진하고 있다. 기업은 유럽의 마인드를 이해할 필요가 있다. 기술의 버블은 실제 현장에서 터득해 가는 마케팅투자가 필요한 것이다.

EU확장에 따른 개방경제 속에서 성공적인 R&D전략을 추진하기 위해서는 캐즘과 버블의 모형을 일소시키는 마케팅도 중요한 요소가 된다. 한국경제가 미국·일본·중국 의존도를 감소시키기 위해서는 고부가가치 상품개발을 통한 EU와 러시아, 인도와 같은 지역으로 수출 다변화를 실시할 필요가 있다. 2004년, EU의 동부확장이 남·북부확장과 다른 점은 부상하는 시장 및 저렴한 노동시장뿐만 아니라 CEE 에는 교육수준이 높은 인적자원이 발달했다는 것이다. 그 때문에 이 같은 장점을 활용할 수 있는 방안모색을 통해 R&D투자에 따른 캐즘 마케팅의 기술버블을 극복할 필요가 있다. R&D투자가 신규회원국(중·동부유럽)을 포함한 Pan-EU에 대한 수출기반을 확대하는 계기로 활용하게 된다.

한국기업의 IT R&D는 자본재산업 연구개발투자를 증가하면서 기술을 축적해 왔으며, 이는 IT 관련 자본재부품 수입을 통해 선진국으로부터 첨단기술을 보유하게 되었다고 할 수 있다. 한국기업이 현지에 R&D아웃소싱을 활용할 경우 이 지역의 소프트웨어 R&D센터와 네트워크를 형성하거나, IT산업집적의 변화를 신속하게 파악할 수 있다는 장점을 살릴 수 있을 것이다. 한국기업들이 상대적으로 취약한 소프트웨어산업집적에 투자하여 기술습득하기에 적합한 장소로서 큰 전략적 가치를 가지고 있다.

Radosevic(2004)이 제시한 수요클러스터란 EU국가마다 수요 혹은 소비가 혁신에 따라 다르다고 측정한다. 이에 일치하는 일정한 수요별 국가그룹으로 여러 클러스터를 정했을 때 MNEs의 각기 신제품출시 모델을 하나의 그룹으로 이질적인 국가만 구분하여 수요욕구에 맞게 혁신제품을 출시하게 된다. 또한 현지에서 시제품 test 시 판매와 소비자 간의 단절(chasm)이 형성되기 전에, 신속히 제품의 수명주기를 연장시킬 수 있다. 본사와 현지파생R&D센터의 다양한 차별화 경쟁전략으로 신속한 경영을 통해서 (1) 첨단기술(High-tech: 대규모 개발) 부문과 (2) 혁신기술(innovation: 소규모)개발 부문의 연결로 캐즘 극복을 위해 재구성시킨다.

CEE에서는 모바일소프트프로그램과 개발마케팅의 혁신클러스터기지, 핵심부품 다국적기업과 네트워크의 혁신허브기지, 디자인개발의 혁신클러스터기지 등으로써 파생모델을 개발하고, 한국에서는 기본 핵심모델인 고품질다기능·퓨전반도체 등을 동시개발하게 하는 R&D허브전략이다. 현지의 R&D허브로써 새로운 기술을 제공받아서 혁신적인 제품개발로 연계되는 네트워크화가 형성되고, 이는 고객의 핵심요구를 반영하여 복잡한 기능의 첨단제품과 생산라인을 줄일 수 있는 Pan-EU 내의 제품(production)을 이루게 한다.

Nokia 등 MNEs이 CEE지역에 R&D클러스터를 형성하고 있어 클러스터 간의 네트워크와 R&D효과를 이미 이루고 있으며, 본 연구에서는 R&D효율성이 타 지역에 비해 높다는 것을 검증함으로써, 이 지역의 투자가 기술버블의 가능성을 감소시키는 효과를 실증하였다. 유럽기업(Nokia)은 가치 있는 고객들의 제품결정이 확대됨에 따라 이동하였다. 즉, 가치사슬에 따라 이동하거나 가치창출을 통한 연결고리를 만들었다. IT 분야에서의 신기술도입주기가 매우 신속하다는 것을 인지한 고객들은 제품을 구입할 때 제품의 미래가치성, 즉 차세대기술이 도입되어도 구매하려는 기기를 통해 차세대기술을 사용할 수 있는지를 검토한 후 제품을 구매하는 것으로 나타났다.

기술버블 추정결과 현지마케팅에 대해 영향을 주는 여러 환경적 요소로 R&D아웃소싱이며, 현지R&D아웃소싱에 따른 기술비용이 절감되고 소비자의 수용이 크다. R&D투자 변화량에 따른 EU수요의 변화량이 항상 크다면 한국의 CEE에 대한 R&D투자는 상대수요에 대해 양(+)의 영향을 미치게 된다. 한국기업이 유럽에서 고품질고가(premium)마케팅전략은 현지개발마케팅을 통해 각국 소비자의 수요를 창출한다고 검증된다. 그러나 2005년 후반부터 한국휴대폰기업의 성장률이 저조하고 있다. 기업의 끊임없는 최첨단의 혁신도 중요하지만, 유럽시장을 정확히 파악하여야 하며 혁신제품의 다양화를 이루어야 한다.

유럽 각국 기업의 제품개발 중 고급고가휴대폰 군과 저급저가휴대폰 군의 다양성 차이에 따라서 각국 수요량에 영향을 미침을 고려해야 한다. 즉, 대규모 첨단기술개발이 요하는 고급휴대폰 군의 초기시장선점보다도, 저급저가휴대폰 군의 주류시장 진입과 소비자 간의 단절이 발생할 수 있는 기술버블이 된다는 것이다. 또한, 저급휴대폰에 대한 양질의 고급제품화 개발이란 CEE의 아웃소싱이 비교적 용이한 혁신기술(소규모)개발 부문에서 조달하여 EU 각국과 R&D투자네트워크를 이루며, 유럽시장의 확대로 인한 기술개발의 캐즘 극복을 의미한다. 고급폰클러스터에 대한 첨단개발의 투자변화량보다 저급폰클러스터에 대한 혁신기술개발의 투자변화량이 작거나 크다면 저급휴대폰을 더

개발하여 수요를 증가나 감소시켜야 한다. EU수요에 따라 개발변화량의 포커스를 맞춰서 끊임없는 R&D의 FDI나 R&D아웃소싱이 필요하다는 것이다.

Alchian and Allen(1983) 정리의 이론을 추정해서 휴대폰기업의 사례로 분석한 결과, 유럽에서 한국기업의 출시제품개발투자 증가량이 미국기업(Motorola)보다 커서 제품소비자선택의 폭이 넓어지고 수요가 증가한다는 것이다. 반면에, 유럽기업(Nokia)이 큰 차이를 보이는 것은 다양한 개발로 폭넓은 제품 군을 형성하고 있고 한국기업과 그 외의 MNEs에 비해 유럽소비시장에 수요의 저변확대를 위한 개발투자가 이루어졌다는 증거이다. 이는 유럽기업(Nokia)에 비해서는 한국기업(Samsung)의 제품개발출시가 최고급폰을 위해 첨단부품의 제품믹스에만 한정되어 있다는 것을 시사해 준다. 차기제품의 출시는 저가폰의 생산확대도 있겠지만, 화상중심의 기능이 아닌 어플리케이션의 신개념개발과 개발업체로부터 신규도입해서 유럽 각국의 taste를 읽고 대중화하는 것이 제3의 휴대폰 경쟁이 될 것이다.

신규회원국과 기존회원국의 경제 및 정치적 변화를 바탕으로 한 산업별 분석은 개괄적으로 단순한 생산기지보다는 연구개발에 중점을 두면서 제품차별화를 추진할 필요가 있음을 보여주었다. IT연구개발에 대한 FDI가 미비한 점을 휴대폰의 예로 분석하였다. 휴대전화의 EU진출방안에서는 한국기업이 연구개발의 현지아웃소싱을 등한시하면 제품수명주기가 짧을 경우 소비의 불연속성으로 인한 침체기에 R&D투자가 회수되지 못할 수도 있는 버블위험에 직면할 수 있다. 그 해결방안으로 (1) 품질기능다양성의 격차와 지역시간선호 간의 균형 (2) 현지R&D투자를 통한 신속한 마케팅을 전개하기 위해서는 통합

체적인 움직임을 형성하게 하는 캐즘마케팅의 강화와 현지다국적기
업과의 전략적 제휴형태의 연구소 설립 혹은 R&D아웃소싱(Open
Innovation)제도를 주장한다. 한국기업의 약점은 유럽기업의 강점으로
나타나기 때문에 범유럽시장에서의 제품차별화와 설계능력의 획득을
통한 성공은 규모경제와 범위경제로 적절히 전환할 때 얻을 수 있다.

참고문헌

전자부품연구원(2005). 휴대폰 관련 차세대기술동향.

전자정보센터(2005). 산업동향분석.

특허청(2007). 통계 정기 간행물 11월. 산업재산권 통계월보.

특허청(2003). 통계 정기 간행물. 지적재산권 통계연보.

통계청(2003). 국내 통계, 기관별 통계.

황해두(2005). 경제통합과 세계화. 무역경영사.

Aaker, David A. and Joachimathaler, Ericj(1999). 'The Lure of global branding' Harvard Business Review, Nov-Dec.

Alchian, Armen A. and Allen, William R.(1964). 'University Economics', Belmont, CA: Wadsworth Publishing Company.

Alchian and Allen, William R.(1983). *Exchange and Production: Competition, Coordination, and Control.* 3ed. Wadworth Publishing Co., Belmont, California.

Allenby, G. M. and Rossi, P, E.(1999). Marketing models of consumer heterogeneity, Journal of Econometrics, 89, pp.57-78.

Arete(2005). 'Low Cost Handset: Every Penny Counts', July.

Adams, J. and Jaffe, A.(1996). Bounding the effects of R&D: an investigation using matched establishment-firm data, Rand Journal of Economics, vol.27.

Banerjee, Ashish(1994). 'Global campaigns don't work:multinationals do', Advertisting Age, April 18.

Bass, F.(1969). 'A New Product Growth Model for Consumer Durables', Management Science, January 15, pp.215-227.

Bauman, Yoram(2001). 'Shipping the Good Apples Out: A New Perspective'

Begg, Iain(2004). The Economic Dimension of the Constitutional Treaty, *KSCES International Conference Paper*, Nov.

Buchholz, Todd G.(1999). 'MARKET SHOCK'

Buckley P. J, Casson M.(1998). 'A theory of cooperation in international Business', In Cooperative Strategies in International Business, Contractor F, Lorange P, Lexington Books: Lexington, MA, pp.31-53.

Carstensen, K. and Farid Toubal(2004). Foreign direct investment in Central and Eastern European countries: a dynamic panel analysis, *Journal of Comparative Economics*, 32, 1, p.3.

Casson, M.(1987). *The Firm and the Market: Studies in Multinational Enterprise and the Scope of the Firm*, The MIT Press, Cambridge, MA.

Casson, M.(1994). Why are Firms Hierarchical? *International Journal of the Economicsof Business*, Vol.1, No.1, pp.47-76.

Casson, M., Pearce R. D. and Singh S.(1992). "Business culture and International Technology" in *Technology Management and International Business. Internationalisation of R&D and Technology*, Granstrand, Hakanson and Sjolander(ed.).

Caves, Richard E.(1982). *Multinational Enterprise and Economic Analysis*, New York, Cambridge Univ. Press.

Celestino, Marthar(1999). 'Choosing a third-party logistic provider', *World Trade*, pp.54-56. July.

Chakravorti, Bhaskar(2003). '*Slow pace of fast change*': bring Innovations to Market in a Connected World.

Christensen, Clayton M.(1997). The Innovator's Dilemma: When New Technologies Cause Great Firms to Fail. Boston: Harvard Business School Press.

Colby, Charles L. and Parasuraman, A.(2001). Techno-Ready Marketing: How And Why Customers Adopt Technology, Simon & Schuster Inc.

Coe, D. and Helpman, E.(1995). 'International R&D Spillovers', *European Economic Review*.

Cooper, Robert G.(1984). The performance impact of product innovation strategies. *European Journal of Marketing*, 18(5): pp.5-54.

Cordon, Carlos(1994). 'Doing justice to justice to just in time', *Financial Times*.

Cox, D. F.(1967). "Risk Handling in Consumer Behavior-An Intensive Study of Two Cases", in D. F. Cox, ed., Risk Taking and Information Handling in Consumer Behavior, Boston: Havard University Press. pp.37-38.

CSFB(2004). CSFB Research analytics, Research & Commentary.

Crozet, Matthieu and Pamina Koenig Soubeyran(2004). EU enlargement and the internal geography of countries, *Journal of Comparative Economics*, 32, 2, p.265.

Dasgupta, P. and J.E. Stiglitz(1980). "Industrial structure and the nature of innovative activity", *Economic Journal*, 90, pp.266-293.

Dreher A., Ritter A., Mühlbacher H.(1992). Systemic Positioning: A New Approach and its Application, in: Marketing for Europe - Marketing for the Future, Proceedings of the XXIth Annual Conference of the European Marketing Academy, Aarhus, S. pp.313-329.

Disdier, Anne-Célia and Thierry Mayer(2004). How different is Eastern Europe? Structure and determinantss of location choices by French firms in Eastern and Western Europe, *Journal of Comparative Economics*, 32, 2.

Dunning, J. H.(1994). "Multinational Enterprises and Globalization of Innovatory Capacity", Research Policy, vol.23(1), pp.67-88.

Dyker, D.(1992). The European Economy, Longman.

EBRD(2003). Transition Report.

European Central Bank(2005). Statistics.

Forrester Research(2005). 'Getting to 3 Billion Mobile Users', Feb.

Funk, Jeffrey L.(2004). The Product Life Cycle Theory and Product Line Management: The Case of Mobile Phones, *IEEE Transactions on Engineering Management* Vol.51 No.2 pp.1-11.

Gapper, John(2003). 'Wheel of Fire', *FT Magazine*.

Gartner(2005). "gMarket Share: Mobile Terminals, Worldwide"h, 4Q04, 4.

Cieślik, Andrzej and Ryan, Michael(2004). Explaining Japanese direct investment flows into enlarged Europe: A comparison of gravity and economic potential approaches, *Journal of the Japanese and International Economies*, 18, 12-37.

Gilad, Benjamin(2004). 'Early Warning' Using Competitive Intelligence to Anticipate Market Shifts, Control Risk, and Create Powerful Strategies, p.150.

Gilmore, James H. and Pine, B. Joseph(2001). *Markets of One: Creating customer-unique value through mass customization*, Harvard Business School Press.

Godin, Seth(2002). Purple Cow, Penguin.

Ghoshal, Sumantra, Harry Korine, and Gabriel Szulanski(1994). "Interunit Communication in Multinational Corporations", *Managemenf Science*, 40(1), 96-110.

Gourlay, Richard(1994). 'From fat to lean enterprises', *Financial Times*

Grant, Charles(2004). Choosing Europe, Prospect, Sep.

Griffin, Abbie and Hauser, John R.(1996). "Integration R&D and marketing: A Review and analysis of the Literature", *J Prod Innov Manag.* Vol.13, pp.191-215.

Gupta, A. K., Raj, S. P. and Rogers, E. M.(1991). "Internal Marketing Integrating R&D and Marketing within the Organization", *Journal of Service Marketing.* 5, (2).

Gupta, A. K., Raj, S. P. and Wilemon, D. L.(1985a). "The R&D - Marketing Interface in High Technology Firms", *Journal of product Innovation Management*, 2.

Gupta, A. K., Raj, S. P. and Wilemon, D. L.(1986). A model for studying R&D-marketing interface in the product innovation process of Marketing 50: 7-17, April 24.

Gupta, A. K., Raj, S. P. and Wilemon, D. L.(1998). "The Credibility Cooperation Connection at the R&D Marketing Interface", *Journal of prouct innovation Management*, 5.

Hakanson, H & Johanson, J.(1994). "The Network as A Governance Structure: Interfirm Cooperation beyond Markets and Hierarchies", in Grabher, G, (eds.), *The Embedded Firm*, Routldge, 35-51.

Hausman, J.A., Hall, B.H. and Griliches, Z.(1984). Econometric Models for Count Data with an Application to the Patents-R and D Relationship, *Economietrica* 52, 909-938.

Hirschhausen, von Christian and Jurgen Bitzer(2000). *The Globalization of Industry and Innovation in Eastern Europe*, From Post - socialist Restructuring to International Competitiveness, Edward Elgar Publishing Inc.

Howells, J., Andrew James and Khaleel Malik(2003). The sourcing of technological knowledge: distributed inovation processes and dynamic change, *R&D management* 33, 4, p.400.

IDC(2005). Western European Enterprises Still Slow to Adopt Mobile

Solutions, Says IDC, IDC press release.

IMD(2004). World Competitiveness Yearbook.

ITDH(2004). business2hungary. ITD HUNGARY.

Jones, G. K.(2001). "Global R&D Activity of US MNCs: Does National Culture Affect Investment Decisions?", Multinational Business Review, vol.9, (2).

Kashani, Kamran(1989). 'Beware the pitfalls of global marketing' Harvard Business Review.

Katrack, H.(1997). "Developing Countries' Imports of Technology, In-house Technological Capabilities and Efforts: An Analysis of the Indian Experience", Journal of Development Economics, Vol.53, pp.67-83.

Katz, N.M. and Shaprio, C.(1994). 'Systems Competition and Network effect', Journal of Economic Perspectives, Vol.8, No.2, pp.93-115.

Kirman, Alan and Teyssiere, Gilles(2005). 'Testing for bubbles and change-points', Journal of Economic Dynamics & Control, Vol.29, 4.

Kolko, J.(2000). The Economics of Gentrification, MIMEO: Harvard University.

Kotler, P.(1986). Marketing Management. englewood Cliffs, NJ: Prentice-Hall. 603.(6th ed.).

Kotler, P.(1997). Marketing Management: Analysis, Planing, Implementation and Control. NJ: Prentice-Hall.(9th ed).

Kotler, P. and Bes, Tias de Fernando(2003), 'Lateral Marketing', John Wiley & Sons, Inc. Hoboken, New Jersey.

Kotler, P., Veronica Wong, John Saunders and Gary Armstrong(2005), "Principles of Marketing, Fourth European Edition" Pearson Education, p.606.

Kotler, P., Wong, Saunders and Armstrong(2005), 'Fashions that enter quickly, are adopted with great zeal, peak early and decline very fast', Principle of Marketing – Fourth European edition.

Kim, W. Chan and Mauborgne, Renee(2005). 'Blue Ocean Strategy: How to Create Uncontested Market Space and Make the Competition Irrelevant', pp.103 – 115.

Lapin, Lawrence L. and Whisler, William D.(2001). Quantitative decision making with spreadsheet applications, 7th ed.

Levett, Theodore(1983). 'The globalization of markets', *Harvard Business Review*, May – June.

Lichtenthaler, Eckhard(2004). Technology intelligence processes in leading European and North American multinationals, *R&D management*, 34, 2, p.121.

Lilien, Gary L. and Rangaswamy, Arvind(2002). *'Marketing Engineering'*: computer – Assisted Marketing Analysis and Planning.

Manchester, Phil(2000). 'Outsourcing: Keeping check on a vital partnership', FT Understanding supply chain execution, *Financial Times*.

Maskell, P.(2001a). Regional policies: promoting competitiveness in the wake of globalisation, in: D. FELSENSTEIN and M. TAYLOR (Eds) *Promoting Local Growth: Process, Practice and Policy*, pp.295 – 310. Aldershot: Ashgate.

Maskell, P.(2001b). Knowledge creation and diffusion in geographic clusters, *International Journal of Innovation Management*, 5(2), pp.213 – 237.

Maskell, P.(2001c). The theory of the firm in economic geography: or why all theories of the firm are not equally well suited for application within the conversation on space, *Economic Geography*, 77(4), pp.329 – 344.

Maskell, P.(2001d). Towards a knowledge – based theory of the geographical cluster, *Industry and Corporate Change*, 10(4), pp.921 – 944.

McGrath, R. G.(2001). Exploratory learning, innovative capacity and managerial oversight, *Academy of management Journal*, Vol.44(1), pp.118-131.

Mile, Ibolya(2002). 'The Design of the EU after Enlargement: Customs Union or Common Market?', *Journal of Economic Integration*, 17(2), pp.243-261, June.

Mlada Fronta DNES(2004). Ceske Noviny, Dec.

Morgan, Robert M. and Shelby D. Hunt(1994). "The Commitment-Trust Theory of Relationship Marketing." Journal of Marketing, 58(July), 20-38.

Moore, Geoffrey A.(1999). Crossing the Chasm, HarperBusiness.

Mueller, M.(1999). Digital convergence and its consequences, Working Paper, Syracuse University.

Nakamoto, Nichiyo(1992). 'Building networks', *Financial Times*.

Nokia Telecommunication Oy(1998). 'Wireless Data Evolution White Paper' in *Nokia Wireless Data Library*, April, No.12.

Sirico, Robert(2002). Acton Institute President.

Philp, Paul(2002). the mother of Chasm, RTW report.

Porter, M. E.(1998). "Cluster and the New Economics of Competition", Harvard Business Review, vol.76(6), 77-90.

Placking, Jochen(1990). *Marketing-Kommunikation im Automobilmarkt Europa*.

Quah D.(2001). "Demand-driven knowledge clusters in a weightless economy", working paper LES.

Radosevic, Slavo(2004). A Two-Tier or Multi-Tier Europe? Assessing the Innovation Capacities of Central and East European Countries in the Enlarged EU, *Journal of Common Market Studies*, Vol.42, issue 3.

Ritchie R; Ye F; Kim C.(2004). SAMSUNG: REDEFINING A BRAND, Richard Ivey School of Business/UWO.

Rogers, E. M.(1995). *Diffusion of Innovations*, 4th edition, New York: The Free Press.

Romer, P. M.(1990). "Endogenous Technological Change." Journal of Political Economy 98, s71 – s102.

Ruekert, R W and Walker, O C Jr.(1987). "Interactions between Marketing and R&D Departments in Implementing Different Business Strategic", *Management Journal*, 8.

Saxenian, A.(1994). Regional Advantage, Cambridge MA: Harvard University Press.

Smith, A. and A. Venables(1988). "Completing the internal market in the European Community: Some industry simulation." European Economic Review 32: 1501 – 1525.

Strebel, Paul(2006). The Art of Marketing Smart Big Moves, *MIT Sloan Management Review*, Vol.47, Issue 2.

Eurostat Yearbook(2004). The statistical guide to Europe, Data 1992~ 2002.

Soete L.(1989). "The impact of technological innovation on international trade patterns: the evidence reconsidered", *Research Policy*, 16.

Skousen, Mark(1990). *The Structure of Production*, New York: New York University Press.

Skousen, Mark(2001). *The Making of Modern Economics: The Lives and Ideas of the Great Thinkers*, M. E. Sharpe.

Szymanski, David m., Bhardwaj, Sundar G. and Varadarajan, Rajan(1993). 'Standardization versus adaptation of international marketing strategy: An empirical investigation', *Journal of Marieting*, October.

Thomke, Stefan and VonHippel, Eric(2002). 'Customers as Innovators' *Harvard Business Review*.

Ulrich K. and Eppinger, S.(1995). Product Design and Development, New York, McGraw Hill.

Urban, Glen L. and Steven H. Star(1991). "Advanced Marketing Strategy: Phenomena, Analysis and Decisions", Englewood Cliffs, NJ: Prentice Hall, 46.

UNCTAD(2003). World Investment Report.

Uzumeri, V. and S. Sanderson(1995). "A framework for model and product family competition", Res. Pol., vol.24, pp.583-607.

Voyle, Susan(2004). 'Errors lead to sharp M&S sales fall', Financial Times, Jan 15, p.30.

Weiss, Michael J.(2000). The Clustered World, Little, Brown and Company, Boston.

Wiefels, Paul(2002). The Chasm Companion: A Fieldbook to Crossing the Chasm and Inside the Tornado, Paperback.

Wheelwright, S. C. and K. B. Clark(1992). Revolutionizing Product Development: Quantum Leaps in Speed Efficiency, and Quality, New York, NY: Free Press.

Whitelock, Jeryl and Pimblett, Carole(1997). 'The standardization debate in internationan marketiog' Journal of Global marketing.

Yip, George S.(1989). 'Global strategy in a world nations' Sloan Management Review.

Zaghini, A. (2003). 'Trade advantage and specialization dynamics in acceding countries', Working Paper No.249, European Central Bank.

Consulted websites:

english.mti.hu

sharp-world.com/products/mobile/index.html

www.ceskenoviny.cz/news

www.czechtrade.cz/cz

www.einnews.com/centraleurope

www.euronews.net

www.delo.si

www.intel.com/technology/index.htm

www.itd.hu/itdh/lid/splash

www.gazeta.pl/0.0.html

www.gov.si

www.lge.com

www.motorola.com

www.nokia.com/index.html

www.sec.com

www.siemens.com

www.sonycricsson.com

· 저자 ·

서대성   한국외국어대학(경제학석사)를 졸업후 삼성과 intel의 한국지
         사에서 7년간 실질적인 IT산업과 관련해서 국제 마케팅을 접
         하였고 유럽에 대한 현지연구를 위해 스위스에서 마케팅과정
         을 이수하였으며 건국대학교에서 경제학 박사학위를 취득하였
         음, 현재 외대와 총신대, 공군사관학교에서 강의를 하고 있음.

휴대폰기업의
EU 마케팅

· 초판 인쇄   2008년 4월 30일
· 초판 발행   2008년 4월 30일

· 지 은 이   서대성
· 펴 낸 이   채종준
· 펴 낸 곳   한국학술정보㈜
              경기도 파주시 교하읍 문발리 513-5
              파주출판문화정보산업단지
              전화 031)908-3181(대표)·팩스 031)908-3189
              홈페이지 http://www.kstudy.com
              e-mail(출판사업부) publish@kstudy.com
· 등   록   제일산-115호(2000. 6. 19)
· 가   격   10,000원

ISBN   978-89-534-8452-8 93320 (Paper Book)
        978-89-534-8453-5 98320 (e-Book)